Participe présent et gérondif
dans la presse française contemporaine

Linguistic Insights

Studies in Language and Communication

Volume 259

Edited by

Maurizio Gotti,
University of Bergamo

PETER LANG

Bern · Berlin · Bruxelles · New York · Oxford

Catia Nannoni

Participe présent et gérondif dans la presse française contemporaine

PETER LANG
Bern · Berlin · Bruxelles · New York · Oxford

Information bibliographique publiée par « Die Deutsche Nationalbibliothek »
« Die Deutsche Nationalbibliothek » répertorie cette publication dans la
« Deutsche Nationalbibliografie » ; les données bibliographiques détaillées
sont disponibles sur Internet sous ‹http://dnb.d-nb.de›.

ISSN 1424-8689 • ISBN 978-3-0343-3631-4 (Print)
E-ISBN 978-3-0343-3632-1 (E-PDF) • E-ISBN 978-3-0343-3633-8 (EPUB)
E-ISBN 978-3-0343-3634-5 (MOBI) • DOI 10.3726/b14599

Cette publication a fait l'objet d'une évaluation par les pairs.

www.peterlang.com

Table des matières

Introduction

Gérondif. s. m. Terme de Grammaire. En nostre langue c'est une espèce de participe indéclinable, où l'on joint souvent la préposition, *En*. Par exemple. *En allant. En faisant.il alloit courant.*

Dictionnaire de l'Académie française, 1e édition (1694)

Plus de trois siècles ont passé depuis cette tentative de définition du gérondif rapportée en exergue : il est présenté par le Dictionnaire de l'Académie en fonction de son rapport au participe présent, dont il paraît constituer une variante non accordée (« une espèce de participe indéclinable »), assortie, mais pas infailliblement, de la préposition *en*, à une époque où la réglementation en la matière était toute récente et prescrivait de nouveaux critères de différenciation entre les formes en *–ant*. La distinction entre gérondif, participe présent et adjectif verbal date de l'Académie française (1679)[1], qui décrète l'invariabilité du participe et la nécessité, dans la formation du gérondif, de la préposition *en*, laquelle, parmi toutes les possibles, s'est imposée comme « la plus logique » dès le XVe siècle (Le Bidois 1971 : 476), puisque l'action principale se produit comme à l'intérieur de celle exprimée au gérondif. Jusqu'alors, ce dernier ne se distinguait que par son invariabilité ; ayant introduit cette condition pour le participe présent aussi, dans l'intention de le différencier de l'adjectif verbal, il fallut modifier les cases attenantes du système.

Malgré le temps écoulé, les efforts pour cerner et distinguer des formes aussi proches l'une de l'autre que le gérondif et le participe présent en français n'ont pas pour autant abouti à des descriptions univoques et universellement partagées ; pour reprendre les mots de Giacomelli Deslex dans sa mise au point en perspective didactique des modes

1 Cf. Picoche/Marchello-Nizia (1998 : 269) : « Avant le XVIIe siècle la distinction entre gérondif, participe présent et adjectif verbal n'est pas pertinente ». Cf. aussi Arnavielle (2007 : 99) : « Chez les grammairiens classiques [...] participe et gérondif sont vus comme des variantes (sans ou avec préposition) d'un même mode ».

verbaux causant le plus de difficultés aux apprenants italophones, devant cette forme « équivoque » qu'est le gérondif, les grammairiens « se sont toujours trouvés dans l'embarras au moment de la classifier, ne sachant pas s'ils devaient la considérer un mode impersonnel, tel que l'infinitif ou le participe, ou s'ils devaient la placer parmi les formes particulières du participe présent » (1987 : 19). Ce qui a inspiré une fluctuation terminologique et définitionnelle dans la tradition grammaticale dont le foisonnement théorique contemporain n'est que le reflet et le rebondissement[2].

Car la distinction entre les formes en *–ant* est un sujet loin d'être tari, qui connaît même une certaine faveur au sein des recherches linguistiques internationales de ces dernières décennies. La présente étude n'ambitionne pas d'apporter de nouveaux éclairages théoriques sur la question, mais de dresser d'abord un état des lieux des principaux travaux à cet égard, en partant des grammaires générales pour passer aux études axées sur le système verbal et en arriver finalement aux analyses spécifiques abordant le participe présent et/ou le gérondif. L'adjectif verbal – grand favori des grammaires normatives – sera exclu de l'enquête, puisqu'il n'appartient pas au domaine strictement verbal et ne pose que des problèmes formels facilement identifiables et effectivement isolés tout au long de la tradition grammaticale[3].

Cette mise au point théorique préalable sera suivie d'une description des principaux cas de figure dans l'usage contemporain, illustrés par les résultats d'une recherche menée sur l'alternance du participe présent et du gérondif dans un *corpus* puisé dans la presse française entre novembre 2015 et août 2016. Pendant ces dix mois nous avons consulté quatre quotidiens (« Le Monde », « Le Figaro », « Libération », « L'Opinion ») et quatre magazines hebdomadaires (« L'Express », « Le Point », « L'Obs », « Marianne ») diversifiés par ligne éditoriale et orientation

---

2 Cf. plus récemment Halmøy (2003 : 5) : « Grammairiens et linguistes ne sont toujours pas d'accord sur le statut à accorder à ces formes en *–ant*, le manque de consensus se reflétant dans une terminologie et des définitions discordantes ». Cf. aussi Arnavielle (1997) pour un excursus historique sur ces débats dans la tradition grammaticale.

3 Nous rejoignons l'avis d'Arnavielle (1999 : 8) : l'adjectif verbal « n'a pas vocation à figurer préférentiellement dans tel ou tel type de texte : outil évaluatif ou classifiant, il doit avoir le même régime d'emploi, ayant mêmes valeurs, que les autres adjectifs, qualificatifs ou relationnels ».

politique (si présente) ; dans notre lecture et notre sélection de 160 articles (20 par journal), nous avons privilégié des textes portant sur des thèmes de l'actualité socio-politique française ou internationale, notre critère fondamental restant toutefois la densité, l'intérêt et la représentativité des formes verbales isolées.

Sur la base d'un *corpus* assez étendu (un total de 953 formes en *–ant*, dont 651 participes présents et 302 gérondifs), nous avons combiné une analyse quantitative (fournissant des données objectives sur l'utilisation des emplois observés dans la typologie de l'article du journal) avec une appréciation qualitative, à nos yeux prioritaire, visant à appréhender ces deux modes dans une perspective qui, partant de la prise en compte de l'occurrence ponctuelle et de sa configuration intraphrastique, se veut destinée à une mesure transphrastique, voire textuelle. Comme Zanola le prônait déjà en 1998, il faut aborder ces formes par une « analyse sémantico-textuelle » (1998 : 258) pour « sortir de l'impasse méthodologique caractérisant de nombreuses études en la matière, qui s'acharnent à repérer et à classer les valeurs circonstancielles du gérondif et des constructions participiales » (1998 : 255), tout intéressantes qu'elles soient. S'il est vrai que ce dépassement est indispensable, pour la commodité de l'exposition et dans le but qui est le nôtre, n'envisageant pas la détermination – tentée par quelques chercheurs – de l'éventuel « invariant sémantique » (Kleiber 2011 : 117)[4] du participe présent d'un côté et du gérondif de l'autre (encore qu'elle soit possible), nous pensons que l'on ne peut pas faire l'économie du moment classificatoire. Par conséquent dans les chapitres 2 et 3 (réservés respectivement au participe présent et au gérondif) nous avons isolé les principales catégories d'usages et valeurs qui ont été reconnues et étudiées au cours des recherches passées en revue dans le chapitre 1, en proposant d'abord un ou deux exemples « prototypiques » (marqués par une lettre) avancés par les linguistes les plus accrédités dans ce domaine pour illustrer les différents cas de figure. Ensuite viendront les phrases (numérotées) tirées du *corpus* que nous avons délimité, pourvues du seul contexte indispensable à leur compréhension, bien qu'évaluées au départ dans leur mesure textuelle ; les exemples cités ont été sélectionnés en fonction de leur représentativité

4 « L'invariant sémantique qui sert de pivot constructionnel à la diversité des interprétations constatées » pour chaque forme.

parmi tous ceux qui ont été retenus, en nombre variable selon leur présence dans chaque catégorie (certaines offrant très peu de cas, d'autres regorgeant d'exemples). Nous avons cherché à fournir une illustration équilibrée des sources exploitées, tout en privilégiant d'abord l'intérêt de l'exemplification proposée.

Notre analyse du participe présent et du gérondif dans la presse française contemporaine vise à les étudier d'un point de vue syntaxique, sémantique et textuel. Notre apport ne se place donc pas du côté de la construction d'une théorie d'ensemble, mais entend contribuer à l'analyse empirique et à l'interprétation des faits de langue. Les configurations possibles pour le participe présent et le gérondif n'étant pas homogènes entre elles, les deux chapitres respectifs ne présentent pas la même charpente et s'articulent autour de typologies basées sur des critères pour la plupart distincts ; quoique ces typologies soient empruntées de définitions traditionnellement admises dans la littérature spécifique, nous avons au besoin révisé les classifications disponibles.

Les chapitres 2 et 3 dialoguent constamment entre eux, ainsi qu'avec le chapitre 1, axé sur les prémisses théoriques, à tel point que certains extraits se retrouvent cités ou commentés de plusieurs côtés. Aucune section spécifique ne sera dédiée à la concurrence entre les deux formes en *–ant*, d'abord parce qu'il existe déjà une abondante littérature à cet égard, bien que la question ne soit pas entièrement épuisée, et ensuite parce que cela ne concerne qu'une typologie de participe présent, l'épithète détachée (cf. *infra*, par. 2.4). Il nous a paru plus intéressant d'aborder cette fluctuation là où elle apparaît en contexte, en proposant des explications ponctuelles à partir des hypothèses formulées par les linguistes, sans toutefois en arriver à des conclusions nettes[5].

Le choix de proposer de nombreux exemples pour chaque catégorie correspond à la volonté d'offrir un vaste matériel authentique qui puisse servir de base pour comprendre et comparer les divers emplois, que ce soit de la part de spécialistes qui envisagent de mettre ultérieurement à l'épreuve leur interprétation, ou de la part

5 À cet égard l'avis de Zanola (1999 : 377, note 84) est très tranché : « poser une nette différence entre participe et gérondif est peine perdue. [...] La forme verbale en *–ant* a le même sens et le même rôle que le gérondif prépositionnel et la valeur des deux formes (participe présent et gérondif) est identique ».

d'enseignants ou d'étudiants aux prises avec les multiples manifestations des formes en *–ant*. L'abondance de l'exemplification permet aussi d'illustrer l'émergence d'usages tout récents, voire nouveaux, qui n'ont pas encore reçu droit de cité dans les grammaires, mais qui parcourent avec insistance la presse française contemporaine (cf. *infra*, par. 2.7 ; par. 3.3.1.3 ; par. 3.3.3) et s'imposent à la curiosité, sinon à l'attention, des lecteurs linguistes.

1. Théories et études sur les formes verbales en *-ant*

Notre excursus parmi les théories consacrées aux formes en *–ant* vise à considérer notamment celles qui illustrent et expliquent la différence d'usage en français contemporain entre deux formes homonymes telles que le participe présent et le gérondif. À cet effet la plupart des linguistes remontent souvent aux origines latines des deux modes, qui sont nettement divergentes, le participe présent dérivant de l'accusatif du participe en latin tardif, généralisé en *–antem*, et le gérondif de l'ablatif en *–ando*, également devenu transversal à toutes les conjugaisons ; dans l'évolution phonétique les deux désinences se sont bientôt confondues en français, ne donnant que *-ant* dans les deux cas, indépendamment de la classe du verbe (cf. Halmøy 2003 : 40)[6]. Cette perspective diachronique a par ailleurs souvent eu la part belle dans la tradition des études sur ces formes, figurant parmi « les grandes orientations » en la matière reconnues par Zanola (1998 : 256) : le souci de reconstruction étymologique s'y associe à la prise en compte de l'évolution morphosyntaxique attestée par les grammaires d'un côté et par l'usage de l'autre[7].

Contournant cet aspect qui a été longuement débattu et approfondi, nous cernerons les contributions visant à une compréhension de la spécificité du participe présent et du gérondif dans une perspective synchronique, suivant trois groupes de sources qui accordent une importance croissante à ces deux formes : d'abord, présentées en ordre chronologique, les grammaires générales (par. 1.1) et les études sur le système verbal (par. 1.2), qui y consacrent quelques paragraphes de longueur variable ; ensuite viendront les analyses spécifiques (par. 1.3), rangées en deux catégories pour la commodité de l'exposition selon qu'elles partagent une vision unitaire ou séparatiste des formes en *–ant*. Au dire de Teddy Arnavielle – l'un des spécialistes qui s'est occupé avec le plus de continuité de la question – participe présent et gérondif constituent

6 Selon certains (dont Cuniță 2011 : 67) autour de l'origine des formes en *–ant* il n'y aurait pas encore de consensus.

7 Exemple classique en est l'exposition à l'intérieur de Brunot (1966 : 1842–1849).

« de grands méconnus », qui font l'objet de « peu de travaux importants, presque tous récents, dont la somme fait pâle figure à côté de l'énorme littérature consacrée au verbe dans ses modes personnels » (2003a : 3).

1.1 Grammaires et syntaxes générales

1.1.1 Damourette/Pichon (1911–1940) ; (rééd. 1983)

Dans la complexe élaboration de Jacques Damourette et Édouard Pichon, connue et non rarement décriée pour son bouleversement de la nomenclature traditionnelle, participe présent et gérondif constituent des tiroirs verbaux séparés, nés du croisement entre les quatre catégories (le *factif*, portant sur le phénomène, le *substantif*, sur la substance, l'*adjectif*, sur la qualité, l'*affonctif*, sur la modalité) et les trois classes (*nom*, *verbe*, *strument*) isolées par les auteurs : le premier est baptisé « adjectif verbal » et est dit représenter, « comme tous les adjectifs, une qualité applicable à un substantif, mais il représente une qualité phénoménale, et il contient par ailleurs, en tant que verbe, la puissance de circonstancement » (Damourette/Pichon 1983, t. III : 8) ; le second est désigné « affonctif verbal » (Damourette/Pichon 1983, t. III : 8), une forme qui modifie la modalité de l'action exprimée par un autre verbe.

Au-delà de l'innovation terminologique, la description demeure, tout compte fait, assez canonique, les deux formes se différenciant surtout sur la base du référent concerné (un substantif pour le participe présent, un verbe pour le gérondif)[8]. Autre point en commun avec les grammaires traditionnelles, le principal souci d'explication est consacré au couple participe présent/adjectif verbal, ici renommé « adjectif nominal », et aux vicissitudes historiques qu'il a traversées avant la fixation moderne due à l'Académie[9].

8 « Le participe » est l'objet du chapitre IX du tome IV, Damourette/Pichon (1983 : 7–98) ; « L'affonctif verbal » est l'objet du chapitre X du tome IV, Damourette/Pichon (1983 : 99–110).

9 Damourette/Pichon (1983, t. IV : 45) : « dans la langue d'aujourd'hui, les adjectifs en *-ant* se répartissent nettement en nominaux et en verbaux, selon qu'ils sont variables ou non ».

Dans un bref approfondissement diachronique le gérondif est présenté comme une création successive à une phase dominée par la surextension de « la forme fondamentale » en *–ant*, qui « pendant assez longtemps semble avoir cumulé les fonctions du participe et celles du gérondif », comme une série d'exemples bien étoffée peut le montrer (Damourette/Pichon 1983, t. IV : 46)[10]. « L'affonctif verbal moderne » a été « redifférencié, à partir de la forme invariable adjective-affonctive en *–ant*, par la présence de la préposition *en* » (Damourette/Pichon 1983, t. IV : 99), dont la sporadique omission peut être imputée à des raisons prosodiques ou stylistiques. Les auteurs affirment qu' « au terme de l'évolution, le français de maintenant possède un système très net et très cohérent, caractérisé par la distinction précise entre trois espèces grammaticales : 1° l'affonctif verbal *en chantant* ; 2° le participe *chantant*, invariable ; 3° l'adjectif nominal déverbal *chantant, chantante, chantants, chantantes* » (Damourette/Pichon 1983, t. IV : 55).

1.1.2 Le Bidois (1935–1938) ; (rééd. 1971)

Le traitement réservé aux formes en *–ant* dans la plus traditionnelle *Syntaxe du français moderne* de Georges et Robert Le Bidois est sans conteste non seulement plus exhaustif, mais aussi plus intéressant. Dans l'exposition le participe est associé à l'infinitif, dont il partage certaines caractéristiques : la nature nominale du verbe, qui le fait « flotter entre la catégorie du verbe et celle de l'adjectif et du nom » (Le Bidois 1971: 472) ; l'absence de « valeur de temps » en soi, bien que conventionnellement on distingue un participe (comme d'ailleurs un infinitif) présent et un participe passé (*lu ; (ayant) lu*) ; son aptitude « à réfléchir la coloration temporelle du verbe qui l'accompagne » (Le Bidois 1971 : 472). Pour introduire d'abord le gérondif et ensuite l'adjectif verbal, les auteurs affirment que la « forme verbale en *–ant* » s'avère « sous un masque unique, jouer deux rôles, sémantique et syntaxique, qui peuvent être fort différents » et qui en principe sont l'apanage respectivement du gérondif et du participe, d'où l'existence de

10 « Peu à peu, les emplois gérondivaux sont devenus de plus en plus rares, [...], le français s'étant créé un affonctif verbal nouveau du type *en chantant* ».

« deux (ou plutôt trois) fonctions » séparées (Le Bidois 1971 : 474), la troisième étant l'adjectif verbal. Les emplois circonstanciels du gérondif, qui est marqué – mais pas obligatoirement[11] – par la présence de *en*, sont brièvement commentés, à partir de la description classique d' « une action secondaire simultanée » (Le Bidois 1971 : 475) à côté de l'action principale, souvent dans le but d'en éclaircir le moyen ou la modalité, ce qui n'exclut pas pourtant d'autres fonctions, parmi lesquelles l'expression de la causalité. C'est notamment ce « rapport chronologique spécial entre deux actions », indiquant une « coïncidence pure et simple » pouvant s'enrichir d'une « coloration logique », qui constitue la spécificité du gérondif vis-à-vis du participe présent (Le Bidois 1971 : 480–481). Car dans ce dernier – hormis les cas signalant « simplement un état, une habitude, une qualité » – la hiérarchie entre temporel et logique s'inverse, la manifestation du rapport de cause à effet prend le dessus, évoquée par une sorte de « privilège pour rendre avec beaucoup de clarté, de force et aussi de brièveté la relation causale » (Le Bidois 1971 : 481). Une autre nuance, d'interprétation sémantique, est ensuite posée pour asseoir la différence entre le participe présent et le gérondif : le premier « énonce une action (ou un état) non pas seulement simultanée, non pas simplement un peu secondaire par rapport à l'action du verbe principal, mais présentée comme aussi importante que celle de ce verbe » (Le Bidois 1971 : 486).

De l'illustration de ces grammairiens, dont l'ouvrage témoigne de la complémentarité entre « la linguistique historique et la linguistique psychologique » (Michel 1937 : 787), le participe ressort comme la forme décidément la plus plastique et la plus riche, de par son sémantisme et sa pluralité d'applications. Les auteurs mentionnent également maints effets stylistiques qui peuvent découler de la disposition aspectuelle du participe à suggérer la durée, la continuité et par conséquent à créer des relations serrées et solides, plus percutantes que d'éventuelles subordonnées relatives avec lesquelles on pourrait remplacer des phrases participiales (Le Bidois 1971 : 481 : « Le

11 Le Bidois (1971: 475) : « La présence de *en* devant cette forme verbale accuse avec force son rôle de gérondif. Mais la préposition pourrait être omise, sans que la forme cessât pour cela de faire fonction de gérondif ». Comme pour Damourette/Pichon, selon Le Bidois « l'omission de *en* est aujourd'hui le fait à peu près exclusif de la langue littéraire » (1971 : 477).

garçon, *croyant* qu'on l'appelait, accourut » *vs* « Le garçon, *qui crut* qu'on l'appelait, accourut »)[12]. Les constructions participiales sont également plus aptes que des infinitifs à transmettre l'intensité de la vision et à faire appel au pathos (« J'ai vu des mères *dépouillant* leurs enfants » *vs* « J'ai vu des mères *dépouiller* leurs enfants »), car l'infinitif ne fait que « narrer », alors que le participe présent réussit à « peindre » (Le Bidois 1971 : 483)[13].

1.1.3 Wagner/Pinchon (1962) ; (rééd. 1991)

Dans la *Grammaire du français classique et moderne* de Robert-Léon Wagner et Jacqueline Pinchon, qui se veut analytique, pratique et normative et est évidemment redevable de la linguistique de Gustave Guillaume pour les chapitres sur les verbes[14], participe et gérondif figurent, à côté de l'infinitif, comme « modes non personnels et non temporels » (Wagner/Pinchon 1962 : 298) n'ayant pas le pouvoir d'actualiser un procès. Dans cette vision tout compte fait assez traditionnelle, c'est « le contexte [...] qui permet de reconnaître leur valeur personnelle et temporelle » (Wagner/Pinchon 1962 : 296), le participe présent ayant un indéniable potentiel descriptif, puisqu'il « insiste sur le caractère à la fois concret et momentané du procès en train de s'accomplir » (Wagner/Pinchon 1962 : 312), alors que le gérondif a une valeur de « complément circonstanciel », « évoque un procès secondaire qui accompagne l'action principale » (Wagner/Pinchon 1962 : 314). Au-delà de leur différence de nature formelle, due à l'antéposition de la préposition *en* dans le gérondif, qui peut aussi quelquefois être renforcé au moyen de l'adverbe *tout*, l'opposition entre ces deux formes dans l'usage n'est nullement problématisée (si ce n'est dans une

12 Les auteurs affirment que « la première construction doit au ciment du participe présent une solidité remarquable, tandis que la seconde [...] semble relâcher quelque peu le lien du rapport ; [...] ce n'est plus ici la coulée massive, tout d'un jet, de la première phrase. [...] le participe a de soi une extrême force unissante » (Le Bidois 1971 : 482). Pour cet usage, cf. *infra*, par. 2.3 Participe présent épithète liée.

13 Pour cet usage, cf. *infra*, par. 2.6 Participe présent attribut direct du complément d'objet.

14 Cf. le compte rendu de Glatigny (1969 : 94).

perspective diamésique, le participe présent étant « une ressource de la langue écrite », alors que le gérondif apparaît plus naturel à l'oral) et le gérondif figure comme « un cas particulier de l'emploi du participe » (Wagner/Pinchon 1962 : 466)[15].

1.1.4 Grevisse/Goosse (2016[16])

Dans l'édition refondue par André Goosse du *Bon usage* de Maurice Grevisse, pilier d'une description qui se veut basée sur la norme, dans la section consacrée au « Verbe » le participe et le gérondif font l'objet d'un chapitre commun ; ils sont apparentés par le fait d'avoir la même forme, bien qu'on souligne l'origine philologiquement différente à partir du latin, qui a donné des résultats orthographiquement identiques en français. La présence de la préposition *en* n'apparaît pas comme condition discriminante, vu qu'il est affirmé que le gérondif « est généralement construit » avec elle (Grevisse/Goosse 2016 : 1252). Les valeurs des deux formes sont présentées séparément, aucune comparaison complète n'est vraiment développée entre les emplois de l'une et de l'autre, la possibilité d'une commutation est rapidement évoquée, mais expédiée très vite sur la base de l'identification du référent et non pas de fonctions syntaxiques ou de critères sémantiques (Grevisse/Goosse 2016 : 1252) :

> Le gérondif a un rapport privilégié avec le sujet : « Je les ai vus *en revenant* de la gare » ne sera pas confondu par le lecteur avec « Je les ai vus *revenant* de la gare ».

Par rapport aux éditions précédentes, la toute dernière ajoute un paragraphe consacré au cas d' « absence de *en* » dans la section réservée au gérondif : des exemples littéraires de participes présents pourraient être considérés équivalents à des « gérondifs sans *en* » (Grevisse/Goosse 2016 : 1252)[16]. Quelques conditions rendant inacceptable la préposition *en* (et par conséquent le gérondif) sont esquissées, dont « la motivation d'un fait » (illustrée par des exemples portant sur l'intention du

15 Rien ne change dans l'édition la plus récente, celle de 1991 (cf. chapitre « Les modes non personnels et non temporels », 322–341).

16 « Il n'est pas rare que l'on trouve dans la langue littéraire des participes présents devant lesquels *en* serait tout à fait possible (faut-il les appeler des gérondifs sans *en* ?) ».

sujet, comme « *Voulant* se faire pardonner, il a apporté des fleurs à sa femme ») et le manque de concomitance avec le fait principal (le participe présent pouvant, lui, suggérer la successivité, comme le montre l'ex. « Brusquement il bascule à la verticale et, emporté par le vent comme une feuille, plonge, *disparaissant* rapidement sur la droite [il plonge, puis disparaît] » (Grevisse/Goosse (2016 : 1253)[17].

Conformément à une vision plutôt traditionnelle, les divergences entre l'adjectif verbal et le participe présent sont davantage creusées (Grevisse/Goosse 2016 : 1247–1250).

1.1.5 Le Goffic (1993)

Pierre Le Goffic présente les formes en *–ant* en suivant explicitement une théorie unitaire, tout en ayant conscience qu'il s'agit d'une simplification qui est fonctionnelle à une vision synchronique[18]. Participe présent et gérondif entrent dans la composition du « groupe participial », le premier étant la « forme adjectivale » du verbe et le second la « forme adverbiale », de par son caractère circonstanciel (Le Goffic 1993 : 435).

Dans cette grammaire où les apports de la linguistique renouent avec la tradition grammaticale plus ancienne, certains emplois ambigus sont mis en relief, où la fonction adverbiale/instrumentale normalement attribuée au gérondif se superpose à l'adjectivale/caractérisante du participe (Le Goffic 1993 : 435) : dans l'ex. *Partant à neuf heures, vous arriverez vers midi*, la valeur gérondivale (*partant = si vous partez*) prévaut sur la participiale (*partant = vous qui partez*) ; les exemples de ce type, marqués par l'absence de *en* et souvent par la position initiale, sont difficiles à classer de manière univoque et sont jugés « très proches du gérondif ». Cette remarque incite à élargir la conception des deux formes et à dépasser la mesure de la phrase afin de chercher le réconfort du cotexte pour asseoir la bonne interprétation. Car si le participe en *–ant* marque une « concomitance » par rapport au verbe de la phrase principale, en

17 Pour cet usage, cf. *infra*, par. 2.4. Participe présent épithète détachée.

18 Le Goffic (1993 : 37): « On pourrait contester (pour des raisons synchroniques et diachroniques) qu'il s'agisse d'une seule et même forme en *–ant* dans le participe et le gérondif. La présentation ici adoptée, fondée sur l'unicité de la forme, est la plus simple en synchronie ».

« véritable ‘caméléon’, il n’a pas de valeur modale propre » (Le Goffic 1993 : 488) et peut se plier aux effets de sens les plus variés.

Dans une étude successive consacrée au seul participe présent, Le Goffic enchaîne sur la nécessité d’embrasser une perspective textuelle et renvoie implicitement à la vision de Weinrich (cf. *infra*, par. 1.2.3) quand il définit le participe présent « une forme d’économie, de relais » (Le Goffic 1997 : 129) ; il propose une appréhension de la forme en *–ant* en termes de focalisation qui est tout à fait intéressante, puisqu’elle présuppose un différent degré d’informativité par rapport au verbe régissant (Le Goffic 1997 : 129) :

> l’opposition entre un participe présent et une forme temporelle est […] de type « mineur » / « majeur », entre des éléments pouvant appartenir à un même plan narratif, différenciés par la lumière plus ou moins forte qu’on dirige sur eux.

1.1.6 Riegel et al. (1994[1]) ; (2016[6])

Ce même parti pris qui voit dans les modes en *–ant* des variantes d’une seule forme se retrouve dans *La Grammaire méthodique du français* de Riegel *et alii*, ouvrage qui se veut inspiré d’une pluralité d’approches, où le participe et le gérondif sont traités conjointement parmi les modes impersonnels du verbe ; la forme en *–ant* se prête à « deux types de fonctionnement syntaxique », le participe présent proprement dit (avec sa variante adjectivale) et le gérondif, variante combinatoire du premier toujours accompagnée de *en* dans l’usage moderne (Riegel *et al.* 2016 : 588)[19].

La présentation du participe présent reflète l’éclectisme méthodologique annoncé dès l’avant-propos de l’ouvrage : il est introduit en opposition avec l’adjectif verbal, dont le différencie une épaisseur verbale plus importante, et illustré dans ses principales fonctions ; s’il est affirmé que sa valeur temporelle dépend du verbe au mode personnel de la phrase principale, auquel il est lié par une relation de simultanéité, on insiste aussi sur son « aspect inaccompli », capable d’envisager « le procès en cours de déroulement » (Riegel *et al.* 2016 : 591).

19 Les auteurs font brièvement référence à la discussion concernant l’indépendance formelle du gérondif et à l’histoire étymologique des formes en *–ant* (*Remarque*, p. 588 ; *Histoire*, p. 589).

Le gérondif est appréhendé en fonction du participe présent, dont il partage des caractéristiques verbales et syntaxiques telles que l'invariabilité, la terminaison en *-ant*, la possibilité de régir des compléments et l'obligation d'avoir le même sujet que la principale lorsqu'il est en tête de phrase. Par rapport aux premières éditions (par exemple celle de 1996[2]), dans la toute dernière le traitement du gérondif a été considérablement étoffé, sur la base des apports des principaux spécialistes dans ce domaine, ce qui est visible à partir de la définition de cette forme comme « un morphème unique, discontinu » (Riegel *et al.* 2016 : 592), dans le sillage des études de Kleiber (2007a). Tout en répétant que le gérondif a les mêmes valeurs temporelles et aspectuelles que le participe présent, les auteurs ne se contentent plus d'indiquer la seule simultanéité comme effet de sens, mais admettent la possibilité de désigner un procès antérieur et même postérieur au procès principal (cf. *infra*, par. 3.3.3, sur le gérondif de contiguïté temporelle). D'un point de vue syntaxique, si les grammairiens confirment que le participe représente « la forme adjective du verbe » et que le gérondif en constitue la variante adverbiale, dans cette édition ils prennent soin de préciser que ce dernier est « étroitement uni au verbe fléchi, formant avec lui une unité prédicative », alors que, au niveau sémantique, ils valident la possibilité que le gérondif exprime « une circonstance de manière, de moyen, de temps, de cause, de condition ou d'opposition » (Riegel *et al.* 2016 : 592). Le traitement du gérondif débouche, à distance de 20 ans, sur le même constat, signalant des cas où la distinction fonctionnelle des deux formes n'est pas aisée à cerner, car le participe présent peut empiéter sur le domaine temporel ou causal (participe présent « apposé au sujet », comme dans l'ex. *Je me remis en mer, cherchant toujours quelque terre chérie des dieux*, Riegel *et al.* 2016 : 593 ; 589)[20].

1.1.7 Wilmet (1997[2]) ; (2010[5])

Dans son imposante *Grammaire critique du français*, Marc Wilmet présente l'infinitif à côté du participe en tant que modes impersonnels ayant « en commun de 'participer' à deux natures : verbe et nom (l'infinitif), verbe et adjectif (le participe) » (Wilmet 1997 : 290). Ce sont deux

20 Pour cet usage, cf. *infra*, par. 2.4. Participe présent épithète détachée.

« modes impersonnels-inactuels » (Wilmet 1997 : 301), à savoir « hors de toute personne et de toute époque » (Wilmet 1997 : 298), dont la description suit de près le modèle guillaumien (il suffit de penser à la classification des procès exprimés par ces formes > infinitif : « procès arrivants ou incidents » ; participe présent : « procès mi-arrivants mi-arrivés » ou « incidents et décadents » ; participe passé : « procès arrivés ou décadents »). Dans l'élaboration de Wilmet, le participe présent est dénommé « participe I », pouvant avoir une forme simple, composée ou surcomposée, exprimant un temps incident-décadent et signalant l'aspect sécant. Le gérondif est défini « à la préposition près homonyme du 'participe présent' » (Wilmet 2010 : 172)[21], ce qui range ce linguiste du côté des partisans de la thèse bi-morphématique (cf. *infra* par. 1.3.1). Car, en raison de son adhésion à la théorie psychomécanique, Wilmet conçoit participe présent, adjectif verbal et gérondif comme « des emplois différents d'une même forme », sur la base du « caractère formellement unifiant de la marque –ant », qui créerait une sorte d'« archilexème » (Arnavielle 2003a : 3). Cette « thèse unitaire » est entérinée dans un article successif consacré à des structures bâties sur des modes impersonnels, jugées, ainsi que le titre l'indique, comme des « survivances latines en grammaire française » (Wilmet 2007 : 239) : le linguiste affirme qu'« il existe en français un et un seul participe dit 'présent' [...], utilisable dans trois fonctions différentes »[22].

1.2 Études sur le système verbal

1.2.1 La théorie de Gustave Guillaume

Force est de constater que la théorie des temps verbaux bâtie par Gustave Guillaume, de par sa cohérence et sa complétude, représente encore aujourd'hui un modèle tout à fait viable, dont l'application s'avère

21 Précision ajoutée dans la « 5e édition complètement revue » de la *Grammaire critique*, laquelle pourtant ne change pas grand-chose au traitement des formes en *–ant*. Déjà Wilmet (2007 : 238) affirmait que « surtout le gérondif *en aimant* est le parfait homographe, préposition à part, du participe présent *aimant* ».

22 La même conviction est confirmée dans Kleiber/Wilmet (2012).

porteuse de sens dans la réflexion sur le couple participe présent/gérondif aussi[23]. La linguistique guillaumienne, centrée sur l'étude du rapport entre la langue et la pensée, ce qui se reflète dans la dénomination de « psychomécanique », veut saisir « la vraie réalité d'une forme » en dépassant « les effets de sens multiples et fugaces qui résultent de son emploi » et en cernant « l'opération de pensée, toujours la même, qui préside à sa définition dans l'esprit » (Guillaume 1984 : 132–133). Dans cette construction où tout se réduit à la catégorie temporelle, où aspects, modes et temps constituent des moments différents de ce que Guillaume appelle la « chronogénèse » (1984 : 11)[24], le verbe se réalise en suivant trois axes, du moins verbal au plus verbal : le temps *in posse* (chronothèse initiale), le temps *in fieri* (chronothèse médiale), le temps *in esse* (chronothèse finale).

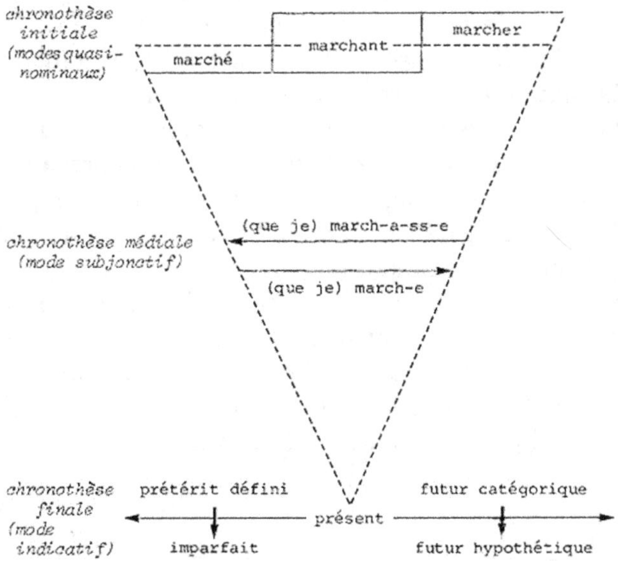

Schéma tiré de Guillaume (1987b)

23 Pour une tentative récente de cerner la spécificité de l'emploi discursif du gérondif sur la base de sa représentation mentale cf. Cuniță (2011), qui part du modèle guillaumien.

24 « Aspect, mode et temps ne se réfèrent pas, comme l'enseigne la grammaire traditionnelle, à des phénomènes de nature différente, mais aux phases internes d'un phénomène de nature unique : la chronogénèse ».

La réalisation du verbe dans la première étape donne lieu aux « modes nominaux (infinitif et participe) » (Guillaume 1984 : 11), rebaptisés « quasi-nominaux » (Guillaume (1987a) », et combinables selon deux aspects, simple et composé, ce qui produit « quatre constructions : *finir*, *finissant*, *avoir fini*, *ayant fini* » (Guillaume 1984 : 11). Les ressources du temps *en posse* sont caractérisées par une « tension », à savoir « une impression de mobilité progressive » maximale dans l'infinitif, qui, étant en position initiale dans la carrière du verbe, constitue une « représentation entièrement tensive du verbe » (Guillaume 1984 : 16), dotée au plus haut degré d'intentionnalité, de potentialité et de volition. Le participe en *–ant* occupe les positions médianes et se profile comme une « représentation à la fois tensive et détensive du verbe » (Guillaume 1984 : 17), beaucoup moins virtuelle que la forme infinitive et capable de visualiser l'action en cours[25], pouvant évoquer de par sa nature sécante d'un côté de l'accompli et de l'autre de l'inaccompli[26]. En revanche, le participe passé offre une représentation détensive, « une image morte » du verbe (Guillaume 1984 : 18). Ces trois formes impersonnelles appartiennent au « plan nominal » (opposé au « plan verbal », comprenant toutes les formes personnelles) et rentrent dans le « mode intemporel », qui pourrait être également baptisé « mode virtuel » (Guillaume 1984 : 129–130). Dans Guillaume (1990) le temps *in posse* de la chronogénèse initiale est à son tour subdivisé verticalement en trois stades qui reprennent terminologiquement le découpage chronothétique vu ci-dessus : l'infinitif véhicule « l'image verbale *in posse* », le participe en *-ant* celle *in fieri*, le participe passé celle *in esse*, dans une composition qui peut être représentée comme suit :

25 Dans Guillaume (1987d) il est défini comme la « forme *cursive* du verbe ».

26 Dans Guillaume (1987c) le participe en *–ant* est défini comme « une représentation irrationnelle qui associe en son sein deux états opposés du temps : le temps non encore arrivé et le temps déjà arrivé ».

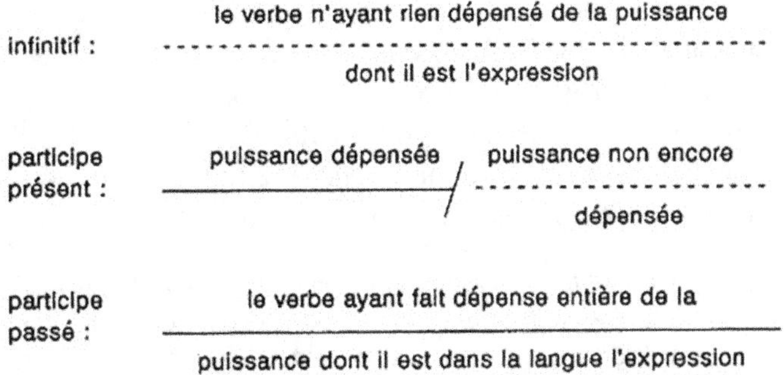

Schéma tiré de Guillaume (1990)

Guillaume s'arrête sur l'appellation « participe présent », qui, tout équivoque qu'elle soit (étant donné que cette forme verbale vaut pour toutes les époques[27]), a acquis droit de cité dans les traités de grammaire en raison de ses affinités indéniables avec le présent de l'indicatif, dont la composition horizontale d'une parcelle de passé et d'une de futur (chronotype ϖ + chronotype α) n'est pas sans évoquer la succession verticale inaccompli > accompli (ou tension > détension) qui est au cœur de la forme en *–ant*.

Dans cette élaboration qui paraît illustrer « une position de conciliation consist[ant] à réduire les oppositions, ou à inscrire les parentés, dans un mécanisme de fonctionnement [...] fondé sur la gradualité » (Arnavielle 2003a : 4), l'adjectif verbal et le gérondif sont indifférenciés par rapport à l'archiforme en *–ant*. Le gérondif (appelé « construction participiale avec *en* », Guillaume 1987g) apparaît comme le résultat de l'association avec la préposition *en*, signalant un rapport d'inclusion dans un même champ de tension, c'est-à-dire dans le même intervalle de développement, comme dans l'exemple *Il marche en chantant*. Cette visualisation spatiale exprime bien la spécificité de la modalité d'appréhension de l'action introduite au gérondif : il y a superposition verticale de l'action de *marcher* et de celle de *chanter*, qui sont coextensives, ce qui exclut toute successivité (Guillaume 1987f). La distinction entre les formes traditionnellement appelées participe présent et gérondif résiderait donc dans ce mécanisme reposant sur un emploi vertical

27 C'est « une forme mobile, non posée, pouvant *ad libitum* être déplacée sur la ligne horizontale du temps » (Guillaume 1987d).

(assorti de la préposition *en*, chargée de le symboliser) ou vice versa « horizontal, additif » (Guillaume 1987g) de la forme en *–ant*, choix parfois obligé et parfois libre (donnant lieu à des nuances stylistiques perceptibles mais difficilement explicables). L'exemple ci-dessous montre bien comment les différences d'usage et les règles établies sont assises sur des sentiments psychologiques (Guillaume 1987g) :

> On dira [...] : *Le papillon vole, égayant le paysage*. On ne dira pas : *Le papillon vole* EN *égayant le paysage*. La raison en est que, dans cette phrase, il ne s'agit pas de faire tenir dans une même tension les deux procès *voler* et *égayer le paysage*, mais de montrer le second procès comme un effet du premier. Ce qui suppose, du point de vue de l'expressivité, une certaine successivité horizontale. On pense intimement : *Le papillon vole, et son vol égaye le paysage*. Les deux verbes *voler* et *égayer* n'ont donc pas le même sujet psychologique. Or, une condition, à laquelle il est déféré régulièrement, de l'emploi de la construction participiale avec *en*, c'est que les verbes en superposition dans un champ de tension unique ont, psychologiquement, le même sujet.

Dans la même *leçon* guillaumienne d'autres cas sont évoqués qui empêchent le recours à la préposition *en*, dont la valeur de subordonnée relative du participe (« à la qualité du style près », on peut dire « une demoiselle tout d'une venue, *parlant* toujours du même ton » et « une demoiselle tout d'une venue, *qui parlait* toujours du même ton ») et la succession en série, pouvant remplacer une cascade de formes personnelles (« la pauvre fille, au XVIe siècle, était vive, simple, *courant* dans les prés, *cueillant* des fleurs, les *jetant* pour courir après les oiseaux » > « la pauvre fille au XVIe siècle était vive, simple : elle *courait* dans les près, elle *cueillait* des fleurs, elle les *jetait* pour courir après les oiseaux », phrase où l'imparfait désigne des habitudes pouvant s'enchaîner l'une après l'autre).

Un autre exemple intéressant montre le décalage d'extension par rapport au procès principal des faits mentionnés avec ou sans *en*, puisque *volant* est antérieur à *s'en va frapper* et peut commuter avec une relative (à fonction explicative : *qui vole*), alors qu'*en roulant* exprime la circonstance, ou plus précisément la manière, du déroulement de l'action de *revenir*, coextensive par rapport à *rouler* (Guillaume 1987g) :

> *L'autre esquive le coup, et l'assiette* VOLANT *s'en va frapper le mur et revient* EN ROULANT.

Cependant les possibles valeurs circonstancielles ne sont jamais approfondies, la psychomécanique ramenant la pluralité des manifestations d'une forme à son opération de pensée invariante sous-jacente. Cette approche unitaire des formes en *–ant* est explicitement revendiquée et les tentatives de garder les distinctions latines sont jugées peu satisfaisantes et inappropriées au système du français contemporain[28].

1.2.2 Imbs (1960)

L'héritage guillaumien est visible dans l'ouvrage de Paul Imbs. Participe présent et gérondif y apparaissent parmi les formes non-personnelles (ou nominales) du verbe, distinguées par une séparation structurelle et fonctionnelle, en dépit de la « confusion phonétique » qui « a créé des homonymes sans aller jusqu'à faire des synonymes : sous le même vêtement, l'emploi syntaxique révèle encore nettement deux corps différents » (Imbs 1960 : 151). Cette différence n'est pas pour autant mise en valeur ou creusée de manière plus approfondie, et l'exposition demeure plutôt traditionnelle.

Tout comme l'infinitif, le gérondif est apparenté au substantif et figure parmi « les formes nominales-substantives du verbe » (Imbs 1960 : 151), subordonnées à un verbe, alors que les deux participes (présent et passé) sont apparentés à l'adjectif et constituent les « formes nominales-adjectives du verbe » (Imbs 1960 : 159), subordonnées à un substantif.

Le gérondif a un « champ temporel coextensif de celui du verbe de la phrase principale » (présent, passé, futur), avec lequel il est « dans un rapport de simultanéité », quelles que soient les valeurs supplémentaires, « cause, moyen, conditions » (Imbs 1960 : 157). Le participe présent est défini dans son aspect inaccompli assorti de la valeur temporelle du verbe principal et illustré dans plusieurs usages correspondant aux diverses positions qu'il peut prendre par rapport au substantif (Imbs 1960 : 160–161).

28 Cf. Guillaume (1987e) : « on s'est efforcé de faire revivre, sous les emplois que fait le français de cette forme, la distinction latine du gérondif, du participe et, accessoirement, de l'adjectif verbal ».

En raison de leur nature syntaxique subordonnée, participe et gérondif ne sont jamais des formes pures du point de vue aspectuel (Imbs 1960 : 169) ; en tant que formes nominales, ils ont la prérogative de posséder une « temporalité […] virtuelle », qui « ne s'actualise qu'en relation avec la temporalité d'un verbe à un mode personnel » (Imbs 1960 : 177) ; ce sont par conséquent des « formes essentiellement satellites », qui « déterminent leur temporalité au niveau de la phrase » (Imbs 1960 : 177–178). Ce qui amène Imbs à affirmer, en suivant les traces de Guillaume, que « la notion de temps s'amenuise à mesure que l'on s'éloigne de l'indicatif, pour se ramener, en fin de compte, à ce qu'il y a de plus primitif dans le verbe, à savoir l'aspect » (Imbs 1960 : 166).

1.2.3 Weinrich (1973)

L'idée que les formes en *–ant* (rangées parmi les « formes verbales semi-finies ») représentent « la limite du verbe » (Weinrich 1973 : 284), tendant à la lexicalisation, et qu'elles nécessitent d'ancrages verbaux finis dans le cotexte, revient dans le modèle de Harald Weinrich bâti dans *Le temps* et inspiré de la linguistique textuelle. Il les définit comme des structures particulières, où une information sémantique n'est pas reliée à la situation linguistique par une information syntaxique supplémentaire. Il s'agirait par conséquent de « formes d'économie de la langue », qui « ne leur confie pas plus d'information qu'il n'est nécessaire » (Weinrich 1973 : 287), étant donné leur dépendance de formes finies plus exhaustives en termes d'information. Dans le système textuel biparti bâti par Weinrich, les formes semi-finies rentrent parmi celles de l'« arrière-plan » et collaborent à la mise en relief du texte par la création d'une toile de fond propice à véhiculer des informations mineures (Weinrich 1973 : 287).

Dans sa *Grammaire textuelle du français* Weinrich parle du participe présent comme d'un « participe neutre », apte à conserver « quelles que soient les circonstances, une perspective temporelle neutre » (Weinrich 1989 : 308) ; il en étudie les divers effets selon sa position et conclut à sa présence massive dans certaines typologies textuelles privilégiant un style soigné et concis, parmi lesquelles l'article de journal (Weinrich 1989 : 309). Le gérondif, de son côté, est traité comme une dérivation du participe présent, ou mieux comme « la forme adverbiale du participe neutre », qui s'en différencie uniquement par l'ajout du « morphème autonome *en* » (Weinrich 1989 : 357) ; la signification globale de cette forme varie en fonction de sa position et de son entour linguistique (le sémantisme des verbes et des adverbes de la phrase).

Harald Weinrich a le mérite d'avoir mis en avant l'importance d'adopter une perspective élargie, qui dépasse le cadre phrastique pour embrasser la dimension du texte, comme le revendiquent la plupart des recherches contemporaines qui se sont occupées des formes en *–ant*.

1.3 Analyses spécifiques des formes en *-ant*

L'illustration des études portant exclusivement sur les formes en *–ant*, analysées individuellement ou dans leur concurrence, suivra la bipartition suggérée par Kleiber (2007a) et montrera d'un côté celles se rattachant à la thèse bi-morphématique (basée sur la conviction que participe présent et gérondif ne sont qu'une seule et même forme, le second n'étant qu'une variante combinatoire du premier résultant de l'assemblage de deux morphèmes, *-ant* et la préposition *en*) et de l'autre celles soutenant la thèse mono-morphématique (selon laquelle le gérondif existe comme forme en soi, en tant que « véritable unité morphologique », Kleiber 2007a : 101). Nous préférons cette paire terminologique à celle, également tentée, de « binaristes » d'une part et d'« unitaristes » de l'autre (Kleiber/Wilmet 2012 : 548), qui à notre sens, occultant la référence à la composition morphématique, peut se prêter à confusion et faire penser qu'il s'agit des défenseurs respectivement d'une vision binaire des formes en *–ant* (reconnaissant la légitimité de participe présent et gérondif) et d'une conception unitaire (prônant l'existence d'une seule archiforme).

Au-delà des dénominations, Kleiber (2011 : 118) constate que la question de l'existence autonome du gérondif « n'est aujourd'hui encore pas totalement tranchée » et que les deux positions demeurent[29].

29 Cette situation est reflétée, dès le titre de la contribution, dans Kleiber/Wilmet (2012).

1.3.1 L'approche bi-morphématique

Cette approche est efficacement illustrée par la psychomécanique guillaumienne et par ses partisans, dont nous avons fait un premier tour d'horizon, et représente encore la position la plus répandue parmi les linguistes (cf. Kleiber/Wilmet 2012 : 547). Au dire de Kleiber (2007a : 102), tenant de la position opposée, ce courant ne reconnaît « aucune légitimité » au gérondif en français, sur la base d'arguments d'ordre morphologique (en raison de l'homographie de la forme en *-ant*), syntaxique (la forme en *–ant* et la préposition *en* peuvent s'utiliser disjointes, dans d'autres rôles), fonctionnel (*en* serait l'embrayeur du passage de la fonction adjectivale, propre du participe, à l'adverbiale/circonstancielle ou substantive attribuée au gérondif) et sémantique (les arguments les plus faibles, puisque axés sur « le sens basique de 'localisation' » ou de « contenant/contenu » de *en*, et sur « la valeur sécante ou imperfective de la forme en *–ant* du participe présent », Kleiber 2007a : 104–105).

Parmi les études récentes embrassant cette position figurent les recherches conjointes de Michel Pierrard et Eva Havu, éclairant notamment l'usage contemporain du participe présent dans les médias, avec d'intéressantes incursions dans la perspective du Fle. Le gérondif et l'adjectif verbal constitueraient deux réalisations différentes de la forme participiale, qui se trouve « dans une tension permanente » entre deux fonctions, selon qu'il bascule du côté du nom ou du verbe dont il dépend (Havu/Pierrard 2007 : 277–278). L'intérêt de ces travaux réside dans l'analyse de la distribution des formes en *–ant* dans des typologies textuelles précises (notamment la presse), où elles participent aux mécanismes de cohésion et de cohérence, et selon des paramètres qui prennent en compte la variation diaphasique et diamésique.

Teddy Arnavielle occupe une position à part, de par sa continuité dans la prise en compte des formes en *–ant* et son attitude vis-à-vis des théories explicatives épousées. Dans un article capital, il se propose d'analyser les cas de figure et les fonctions de toutes les formes en - *ant* (non seulement participe présent, gérondif et adjectif verbal, mais aussi adverbes, connecteurs, conjonctions et substantifs qui étymologiquement en sont dérivés), en supposant l'existence d' « un principe unificateur » (Arnavielle 2003b : 38). Si sa réflexion écarte toute tentative hâtive de « banalisation du gérondif comme construction particulière du participe » (Arnavielle 2003b : 44), qui se heurterait aussi à des objections historiques de poids, elle est toutefois redevable de l'héritage guillaumien dans sa perception psychologique des faits linguistiques et dans la terminologie employée. Car, se référant au gérondif, Arnavielle déclare que son « mode d'incidence » est « différent de celui du participe : pas de caractérisation occasionnelle ou permanente, ici, incluse dans un procès, mais une situation, au sens plus large, manifestant le temps, la manière, le moyen, la cause…, rapportées naturellement à un procès, donc à un verbe » (Arnavielle 2003b : 44), mais pas exclusivement. Cette manière d'appréhender les deux formes verbales en *–ant* s'avère fonctionner pour une pluralité d'exemples relevant de typologies textuelles diverses, souvent puisés dans la langue de la presse contemporaine.

Dans des études successives, Arnavielle arrive à relativiser la portée des conceptions grammaticales traditionnelles (par exemple l'association participe-adjectif, gérondif-substantif), ainsi que l'apport de la psychomécanique, qui ne prévoit ni de place ni d'explication convenable pour le gérondif[30] et attribue à la forme en *–ant* une valeur sécante que de nombreux usages contemporains mettent en cause[31]. Tout en retenant l'idée de la psychomécanique du caractère hybride la forme en *–ant* et le transposant du plan aspectuel au plan identitaire, le linguiste plaide pour l'« indétermination foncière » de la dite forme, « qui explique la plasticité de ses emplois » dans le français d'aujourd'hui (Arnavielle 2010a : 21), ainsi que le fait que « souvent participe et gérondif sont en effet interchangeables » (Arnavielle 2010b : 238)[32].

30 C'est notamment le cas du gérondif de « reformulation », Arnavielle (2010a : 17). Cf. *infra*, par. 3.3.1.3.

31 Il s'agit notamment de l'emploi narratif et donc ponctuel du participe présent : cf. Arnavielle (2003b : 51) ; Arnavielle (2010a : 16). Cf. *infra*, par. 2.4.

32 L'auteur ajoute : « c'est l'habitude de traiter celui-ci comme un complément circonstanciel […], celui-là comme une apposition adjective […] qui creuse un fossé largement imaginaire ». Il revient aussi sur la question du « régime d'incidence » du participe et du gérondif, en affirmant que c'est le même (233–234).

1.3.2 L'approche mono-morphématique

D'après Kleiber, il s'agit de l'approche propre aux spécialistes du gérondif, parmi lesquels on dénombre un groupe assez nourri de romanistes scandinaves, dont Harald Gettrup, Odile Halmøy et Michael Herslund[33]. Pour les tenants de cette position, le gérondif existe bel et bien comme forme verbale autonome, bien qu'à l'origine il soit formé de l'association de la préposition *en* et du participe présent, qui se sont soudés en « une véritable unité morphologique » discontinue et hybride, « un réel morphème grammatical qui mérite d'être défini pour lui-même, 'en bloc' » (Kleiber 2007a : 101). Cette conviction s'appuie sur des raisons syntaxiques (il existe une solidarité formelle exclusive entre les deux composantes, *en* ne pouvant introduire aucun autre mode verbal et la forme au suffixe *–ant* ne se trouvant précédée que de *en*) et sémantiques (les deux constituants n'ayant pas de sens propre dans la construction gérondivale). L'hypothèse « mono-morphématique » postule que deux énoncés, le premier au participe présent, le second au gérondif, se différencient non par la simple présence ou absence de *en*, mais par l'opposition entre la forme *–ant* et la forme toute entière composée *en... -ant*, ce qui revient à affirmer la spécificité de cette dernière construction[34]. Les défenseurs de la théorie mono-morphématique (affirmant la solidarité et l'autonomie du morphème gérondival) se sont notamment intéressés à la définition du gérondif, qui dernièrement jouit d'une faveur croissante chez les linguistes, supérieure à celle consacrée au participe présent[35].

L'étude de Gettrup fait figure de base incontournable pour partir à la recherche des critères distinctifs des deux modes en *–ant*, séparés par « des différences distributionnelles et des différences sémantiques » (Gettrup 1977 : 211). Le linguiste danois se penche en particulier sur

33 Les romanistes scandinaves continuent de manifester un intérêt constant pour les formes en *-ant*, dont témoignent de nombreux mémoires et maintes études de chercheurs centrés sur une perspective contrastive français-langue maternelle (norvégien et suédois surtout). Cf. par ex. Eriksson (2010) et Hellqvist (2015) ; (2017).

34 Bien que « son existence dans la nomenclature officielle ne date que de 1961 », nous rappelle Kleiber (2007a : 101, note 16).

35 Cf. Arnavielle (2010a : 6) : « Le gérondif, longtemps négligé, a fait l'objet ces dernières années d'études importantes ».

l'expression de la temporalité, qui serait l'apanage du gérondif, assez traditionnellement « interprété comme un adverbial de temps qui indique la simultanéité » totale ou partielle par rapport au verbe principal (Gettrup 1977 : 226–227 ex. « *En prenant* la main de l'inconnu, elle fut étonnée de la sentir chaude comme celle d'un fiévreux »), alors que le participe présent peut suggérer plutôt la successivité (ex. « *Prenant* Urbain à bout de bras, il le déposa doucement sur le sol », Gettrup 1977 : 227) et acquérir des reflets temporels par l'effet de la présence d'un « adverbial de temps qui situe chronologiquement l'action du verbe principal » (ex. « Hier, *sortant* d'une conversation avec elle, je me suis souvenu bien à propos que j'avais à visiter une pauvre famille » ; « Le samedi, de nouveau, à midi, *en sortant* de la classe de mathématiques, j'ai vu passer mon frère Denis avec ses deux grands camarades », Gettrup 1977 : 267).

Gettrup (1977 : 217) pense pouvoir répartir les gérondifs en deux grands types, selon qu'ils servent à localiser temporellement la principale (ex. a) ou qu'ils ajoutent des valeurs circonstancielles concomitantes (ex. b), dans le cadre de considérations qui évaluent la capacité d'information véhiculée par les différents gérondifs en fonction de facteurs textuels, contextuels et extra-linguistiques (les cas assimilables à l'ex. a étant ressentis comme moins informatifs) :

a. Je chante *en me rasant*
b. Je me rase *en chantant*

Comme Kleiber (2007b : 122) le synthétise efficacement, selon Gettrup « pour qu'un gérondif puisse localiser temporellement un prédicat principal, alors qu'il ne présente lui-même guère de marques temporelles, il faut qu'il représente une information qui ne soit pas nouvelle, mais qui se trouve déjà acquise d'une manière ou d'une autre » ; Gettrup (1977 : 218) distingue à cet effet les « acquis existentiels », liés à l'expérience du monde, des « acquis contextuels », disponibles dans le contexte (cf. *infra*, par. 3.3.1.1 Gérondif repère temporel).

Le danois Michael Herslund reprend l'argumentation de Gettrup et creuse la question de la concurrence entre gérondif et participe présent quand ce dernier véhicule une prédication seconde greffée sur la prédication primaire, ayant le même sujet. C'est cette situation du participe présent comme « attribut indirect » (ailleurs défini « libre » ou

« détaché » ; cf. *infra*, par. 2.4) qui pose le plus grand nombre de doutes quant au recours à l'une ou à l'autre forme (cf. Høyer 2003) ; dans l'économie d'un texte Herslund (2000 : 86) cherche à les distinguer sur la base de la valeur temporelle gérondivale, qui contraste avec la plus forte charge sémantique et rhématique du participe présent :

c. *Entrant* dans Grandson, ils découvrent les pendus du mercredi des Cendres.
d. *En s'enfuyant* de Grandson, Charles s'arrête quelques instants à Jougne.

La commutation montre bien la différence : l'ex. c décrit la même situation en deux moments consécutifs, permettant une reformulation par la coordination (« Ils entrent dans Grandson et découvrent les pendus du mercredi des Cendres »), alors que l'ex. d s'applique à deux situations concomitantes et pourrait être reformulé par un rapport de subordination explicite (« Pendant sa fuite de Grandson, Charles s'arrête quelques instants à Jougne »).

L'analyse d'Herslund aboutit à l'idée, porteuse de développements nouveaux, que le gérondif peut fonctionner comme un élément anaphorique dans son rôle de repère temporel, puisque seule une information connue, donnée pour acquise, peut servir d'ancrage temporel, soit qu'elle s'appuie sur le contexte précédent soit qu'elle renvoie à des connaissances généralement partagées (cf. l'ex. e ci-dessous, où dans le contexte il doit y avoir une référence à une sortie, à une porte etc.). L'autre cas de figure envisagé par Gettrup, le gérondif circonstanciel (ex. f), s'explique par la capacité d' « étoffer lexicalement » le verbe principal, dont le contenu serait présupposé par le gérondif, qui en préciserait la modalité spécifique (Herslund 2003 : 237) :

e. Marie court *en sortant.*
f. Marie sort *en courant.*

De son côté, le participe présent – assimilé à un « co-verbe, c'est-à-dire une forme verbale dépendant directement d'un verbe principal » (Herslund 2000 : 89) – serait plutôt propice à introduire le verbe principal « en apportant de l'information supplémentaire non-connue ou imprévue » (Herslund 2003 : 236), conclusion qui est pourtant contestée par d'autres chercheurs qui la considèrent trop généralisante[36].

Odile Halmøy, de l'Université norvégienne de Bergen, figure parmi les chercheurs qui se sont davantage impliqués dans la mise au point des caractéristiques des formes en *–ant* ; elle affectionne notamment le gérondif, qu'elle a illustré dans une monographie (Halmøy 2003) qui fait le tour de la question de manière très approfondie et articulée et ne cesse d'être prise comme point de repère dans les études sur le domaine gérondival. Cette analyse prend également en considération les formes concurrentielles du gérondif, en signalant l'intérêt de ce champ de recherche pour les experts de linguistique contrastive et les enseignants de Fle[37]. Avant d'illustrer les aires de superposition possibles (définies sur des critères plus syntaxiques que sémantiques), sur lesquelles nous reviendrons, cette linguiste délimite les domaines d'application des principales formes en *–ant* sur la base de leur distribution diaphasique et diamésique, le participe présent étant « dans la plupart de ses emplois, littéraire et réservé à un registre soutenu » (Halmøy 2003 : 5), « en passe de disparaître de la langue parlée » (Halmøy 2003 : 154)[38]. Dans des études successives Halmøy entreprend la description et le classement des participes présents répertoriés dans plusieurs typologies textuelles, en affirmant la conviction que « si le participe présent est exclu de la langue orale standard, il est encore très vivant dans la presse, la littérature même la moins 'littéraire', dont par exemple les langues de spécialité » (Halmøy 2013 : 275).

Si elle continue d'affirmer avec cohérence son adhésion réitérée à la thèse mono-morphématique, Halmøy ne cesse de creuser les manifestations des formes verbales en *–ant* en mettant à contribution les

36 C'est le cas d'Arnavielle (2003b : 51) : « présenter le participe présent comme un "co-verbe", c'est-à-dire comme un élément formant "avec le verbe principal un prédicat complexe, dont le poids lexical, et partant l'information la plus importante, est localisée dans le co-verbe" correspond à une extension trop systématique de l'analyse en thème-rhème ». Cf. aussi Havu/Pierrard (2006) sur la remise en cause des conclusions d'Herslund.

37 Il s'agit de l'infinitif précédé par une préposition et, bien sûr, du participe présent (Halmøy 2003 : chapitre IX).

38 Cf. aussi Arnavielle (2003b : 53) : « le participe a presque quitté la langue parlée, en passe de rejoindre l'équipe des exclus : passé simple et antérieur, subjonctifs imparfait et plus-que parfait ».

thèses d'autres spécialistes et en montrant par là que les divers chemins de la recherche peuvent se recouper et s'enrichir d'un dialogue visant à peaufiner les descriptions et les interprétations, qu'elle considère encore ouvertes[39]. Tout particulièrement, elle valorise les approches mettant en relation la portée informative des deux formes, selon leur fonction textuelle, tout en retenant la validité des analyses traditionnelles rattachant le participe présent (forme adjectivale du verbe) à une rection nominale et le gérondif (forme adverbiale du verbe) à une rection verbale. D'un côté les études du premier type s'en trouvent enrichies, puisque le recours à une forme ou à l'autre, dans les cas de concurrence, peut être mise sur le compte d'effets d'interprétation « de caractérisation » (participe présent) ou « plus circonstancielle » (gérondif) (Halmøy 2008 : 53) ; de l'autre, les perspectives classiques en sont rénovées, du moment que de trop rigides cloisons syntaxiques entre formes et usages sont levées, le participe présent s'avérant posséder, dans le sillage de Gettrup (1977), « un statut intermédiaire entre coordination et subordination » (Halmøy 2008 : 54).

Georges Kleiber est l'un des tenants de la position monomorphématique qui s'est occupé avec le plus de continuité du gérondif[40]. Il constate l'insuffisance de la thèse traditionnelle, chérie par les manuels de grammaire, qui consiste à l'assimiler à l'indication d'« un procès en cours de réalisation, simultané par rapport au procès exprimé par le verbe principal » (Kleiber 2007a : 111)[41], puisqu'il semble clair que ni l'imperfectivité ni la simultanéité ne sont des critères adéquats pour cerner le sens global du gérondif. Car d'une part, outre le fait qu'il peut exister des cas de perfectivité, l'effet aspectuel qui ressort est complexe, dû à « l'interaction entre les propriétés lexicales d'*Aktionsart* du verbe du gérondif et les propriétés à la fois intrinsèques et aspectuo-temporelles du verbe de la prédication principale » (Kleiber 2007a : 112).

39 Halmøy (2008 : 58) juge encore « insuffisamment étudiés » les paramètres différenciant participes présents et gérondifs, à savoir «leur fonction syntaxique, leur incidence – nominale ou verbale, endophrastique ou exophrastique –, leur place par rapport à leur support, leur caractère lié ou détaché, et leur apport informationnel ».

40 Sa position a été réitérée avec force dans Kleiber/Wilmet (2012).

41 Kleiber reprend la définition de Riegel *et al.* (1984 : 342), qui a été mise à jour dans l'édition de 2016 (cf. *infra*, par. 1.1.6).

D'autre part, à la suite de Gettrup (1977 : 229), Kleiber préfère parler d' « une condition d'adjacence ou de contiguïté temporelle » plutôt que de simultanéité, puisque le procès au gérondif ne doit pas nécessairement recouvrir partiellement ou totalement celui de la prédication première (Kleiber 2009b : 17).

S'il part de la conception de base qui fait l'unanimité des grammairiens et spécialistes du gérondif, à savoir sa valeur circonstancielle et sa dépendance du contexte pour être interprété sémantiquement, Kleiber la dépasse en affirmant que le gérondif est un « marqueur de cohésion et de cohérence intraphrastiques » (Kleiber/Theissen 2006 : 174), en raison de sa double fonction par rapport à la prédication principale. Car il la complète en tant que subordonnée circonstancielle et à son tour en est complété, n'ayant pas de sujet explicite ni d' « informations aspectuelles et temporelles propres » (Kleiber/Theissen 2006 : 175).

Pour saisir la spécificité de l'unité gérondivale, Kleiber pousse plus en profondeur l'analyse sémantique. Son apport original consiste à définir l'opération à la base du gérondif comme « une union ou association ou intégration semblable à celle que déclenche *avec* » suivi d'un substantif, une « intégration d'une prédication dans l'autre et non [...] une simple association de procès de même niveau » (Kleiber 2007a : 120), comme dans la coordination ou la parataxe. En affirmant que le gérondif « est en quelque sorte un *avec* du verbe » (Kleiber 2007a : 115), Kleiber veut suggérer une « caractérisation sémantique générale » intrinsèque, sous-déterminée, qui puisse rendre compte de la multiplicité de ses emplois circonstanciels (Kleiber 2007a : 100) ; l'exemple suivant montre une commutation possible : « Pierre réussira *avec du travail* » ; « Pierre réussira *en travaillant* » (Kleiber 2007a : 116), bien que d'autres phrases concernées par la démonstration s'avèrent fonctionner de manière beaucoup moins convaincante.

Kleiber reconnaît tout l'intérêt des avancements apportés par les recherches danoises pour sortir du cadre étroit de la phrase et cerner la problématique dans une dimension interphrastique. En explorant l'idée de la fonction anaphorique et informationnelle du gérondif, Kleiber lui attribue aussi un rôle extraphrastique : pouvant évoquer un élément du contexte antérieur (« un acquis informationnel préalable, soit contextuel, soit de type connaissances générales », Kleiber 2008 : 118), surtout en position antéposée, le gérondif remplit une fonction de « rappel d'information » ou de « penchant anaphorique » plutôt que de véritable « anaphore », laquelle nécessiterait un achèvement par une information antérieure accessible (Kleiber/Theissen 2006 : 180). Le rôle textuel de ces gérondifs est indéniable : « leur caractère présupposé leur permet de réintroduire dans la mémoire active du texte un procès évoqué antérieurement qui ne fait plus partie de la mémoire discursive immédiate, mais se trouve stocké dans la mémoire longue du texte » (Kleiber/Theissen 2006 : 181); véritables opérateurs de connexion discursive, ils modulent leur valeur thématique ou rhématique en fonction de leur position dans la phrase. Kleiber (2009a : 232) conclut sur ce rôle discursif interphrastique du gérondif, « qui provient de son ambivalence informationnelle, à la fois rétrospective et prospective », ce qui parachève le passage de son appréhension en tant qu' « objet de grammaire pour syntacticiens et morphologues », inscrit à l'intérieur des limites de la phrase, à « un élément précieux dans l'établissement de la cohésion et de la cohérence discursives » au niveau textuel, ce qui ouvre sur le pragmatique (cf. Kleiber 2008 : 120)[42].

Ce survol des principales descriptions grammaticales et linguistiques des formes en *–ant* ne débouche pas sur l'identification d'une ligne interprétative préférable à d'autres. Pour les fins qui sont les nôtres, il importe d'avoir des instruments pour comprendre et, si possible, ranger les divers emplois attestés dans notre corpus, en croisant de manière éclectique les apports les plus significatifs au cas par cas. Car aucune perspective ne nous paraît épuiser la phénoménologie du participe présent et du gérondif, ni rendre compte de tous leurs emplois possibles, d'autant plus dans une langue aussi dynamique que celle de la presse contemporaine. Et si notre analyse ne nous permet pas d'entériner le constat que ces deux modes sont interchangeables ou indifférenciés (ce que les exemples classés par catégorie prouveront aisément, sauf dans les cas de concurrence signalés, cf. *infra*, par. 2.4), nous n'en croyons pas moins qu'il faut faire le deuil de l'ambition d'en arriver à une définition et à une distinction nettes et univoques des deux modes, données une fois pour toute *a priori,* en dehors de toute considération du contexte et des relations textuelles qui s'activent.

42 Kleiber (2008 : 107) rend néanmoins hommage aux « solides et sagaces spécialistes en matière gérondivale » qui se sont penchés sur le domaine de prédilection du gérondif, celui de la phrase, désormais bien connu.

2. Fonctions et emplois du participe présent

Au dire de l'une des principales spécialistes des formes en *–ant* du français moderne, Odile Halmøy, la presse représente l'un des domaines où le participe présent se porte le mieux (Halmøy 2013 : 275) et ce n'est pas un hasard si c'est justement dans le français des journaux que l'on a constaté l'essor de quelques nouveaux emplois de ce mode, comme nous le verrons par la suite. Dans l'illustration des catégorisations possibles pour les usages du participe présent et la classification des exemples que nous avons recensés (651 au total)[43], nous empruntons la démarche expositive de cette linguiste (Halmøy 2006 et 2008), qui s'avère être à fois claire et exhaustive. Toutes ces fonctions admettent des cas de participes présents composés, qui abondent d'ailleurs toutes catégories confondues, sauf pour les emplois grammaticalisés ou figés (par. 2.1) et pour la périphrase progressive (par. 2.2).

2.1 Participe présent grammaticalisé

Il existe des expressions où le participe présent se trouve figé en emploi prépositionnel ou conjonctionnel (*durant*, *pendant*, *concernant*, *s'agissant de, moyennant*, etc.) ou dans des tournures du type *à bout portant,* ou *le cas échéant* (Halmøy 2006 : 204)[44]. Cet usage sclérosé ne retiendra pas notre attention au-delà de la simple indication, d'autant plus qu'il s'agit d'une catégorie très marginale dans notre corpus (9 cas seulement

43 Les 651 participes présents dans notre corpus sont ainsi répartis : 79 dans « Le Monde », 83 dans « Le Figaro », 68 dans « Libération », 76 dans « L'Opinion », 79 dans « L'Express », 95 dans « L'Obs », 83 dans « Marianne », 88 dans « Le Point ».

44 Il est tentant de confondre ces participes présents figés avec des locutions employant le gérondif sans *en* qui sont « des restes d'un ancien usage » (Grevisse/Goosse 2016 : 1252) : par ex. *chemin faisant*, *donnant donnant*, *tambour battant*, *ce disant*.

sur un total de 651, soit environ 1,3% des occurrences), où domine de loin *concernant* (6 exemples) dans le sens d' « à propos de », « en ce qui concerne », soit en ouverture (ex. 1) soit au milieu de la phrase (ex. 2) :

1. *Concernant* la cellule responsable des attentats de Paris, il nous reste encore des fils à tirer, reconnaît un responsable policier. [*Les nouvelles menaces terroristes*, « L'Express », 1–7/6/2016]
2. Certes, Manuel Valls (33%) devance toujours nettement François Hollande (20%) *concernant* la capacité à être un « bon président de la République ». [*Juppé écrase tout, Hollande pas dans les choux*, « Libération », 14/1/2016]

Parmi les autres exemples, si les 3–4 s'alignent aux usages figés répertoriés, le 5 montre le participe présent inséré dans une locution familière, *moyennant quoi*, qui signifie « en échange de quoi, au moyen de quoi, avec l'aide de quoi », et qui introduit l'idée qu'on peut obtenir ou faire quelque chose grâce à un élément cité préalablement :

3. *S'agissant* de la RDC, il y a eu en effet sanction collective. [*Les nouvelles menaces terroristes*, « L'Express », 1–7/6/2016]
4. La photo le montrant tirant *à bout portant* sur un otage agenouillé fait le tour du monde. [*Vie et mort d'une bande d'assassins*, « Le Point », 26/11/2015]
5. « Le FN reste le parti le plus détesté de France ». *Moyennant* quoi, quelle que soit la configuration, qu'il soit confronté à un duel comme dans le Nord ou en PACA ou à une triangulaire comme dans le Grand Est, en Midi-Pyrénées ou en Bourgogne, les électeurs de droite comme de gauche se mobilisent pour l'empêcher d'accéder au pouvoir. [*FN, la défaite en trompe-l'œil*, « Marianne », 13/12/2015]

2.2 Participe présent dans la périphrase aspectuelle progressive [aller + Participe présent]

Il s'agit d'un emploi de moins en moins fréquent dans le français courant ; il admet en principe n'importe quel temps pour le verbe *aller*, alors que pour le participe le choix est restreint à des verbes dont le sémantisme indique la variation d'intensité d'une action imputée à un agent qui n'est pas humain, à un phénomène :

a. Ce fut d'abord comme un bourdonnement sourd qui *alla s'amplifiant*. (Deforges, *Rue de la soie*, dans Halmøy 2006 : 205)

Dans ses sources, où se côtoient articles de presse, romans contemporains et un essai, Halmøy recense ce seul exemple, littéraire, pour la périphrase aspectuelle progressive. Riegel *et al.* (2016 : 590) inscrivent également dans un usage strictement littéraire ce cas de participe présent insistant sur l'aspect progressif ; Wagner/Pinchon (1962 : 313) mettent en évidence la « valeur de style » éminemment descriptive de cette construction. Selon d'autres, s'appuyant sur les données de l'évolution historique des formes en *–ant*, il s'agirait plutôt d'un gérondif, précédé ou non de *en* et marquant « l'aspect duratif, la continuité de l'action » (Grevisse/Goosse 2016 : 1139)[45] ; sa fréquence ou du moins sa survivance en littérature lui aurait valu l'adjectif de « littéraire » (Johannesen 1977 : 325).

La seule occurrence dans notre corpus (correspondant à un peu plus de 0,1% du total) coïncide avec un titre et cadre bien avec la description générale de cet emploi :

1. Chrétiens et musulmans : un dialogue qui *va croissant*. [« Libération », 1/8/2016]

Étant donné son emplacement dans la titulation, on pourrait avancer l'hypothèse que de par sa rareté et sa connotation cette forme met en relief le contenu vis-à-vis des lecteurs, en leur rappelant la possibilité

45 Pareillement, Arnavielle (2003b : 50) parle d'une périphrase désormais marginalisée comportant *aller* + « gérondif direct » ou « indirect », à savoir sans ou avec *en*.

d'une confrontation positive à un moment où les tensions entre les deux communautés religieuses évoquées ne manquent pas, suite aux attentats réitérés commis au nom de Daech en France (le dernier en date à l'époque de la rédaction de l'article étant l'assassinat du père Hamel dans l'église de Saint-Étienne-du-Rouvray). En outre, le verbe utilisé, *croître*, figure parmi les plus récurrents dans cette tournure (Johannesen 1977 : 326 ; Grevisse/Goosse 2016 : 1139).

2.3 Participe présent épithète liée

Au dire de certains spécialistes, c'est de loin l'usage le plus fréquent dans la presse[46], préférence que Kindt (2003 : 66) attribue au « besoin de 'comprimer' les informations recueillies dans un espace typographiquement limité ». Notre corpus confirme cette tendance avec 305 occurrences sur un total de 651 (soit à peu près 46,8%), ce qui constitue la rubrique la plus importante d'un point de vue quantitatif.

Dans cette configuration le participe présent est toujours postposé à son support nominal, qui peut avoir n'importe quelle fonction syntaxique ; il est généralement suivi d'expansions, sauf lorsqu'il figure dans des légendes de tableaux ou de photos (comme « une simple extension épithétique du nom », Muller 2007 : 27), et se laisse aisément paraphraser par une subordonnée relative, par rapport à laquelle il hausse le registre ou peut correspondre à un souci rythmique. Le temps du verbe de la phrase relative avec laquelle peut commuter le participe présent dépend de celui de la principale, alors que le mode peut osciller selon le sémantisme ; dans la phrase modèle ci-dessous, l'ex. a, l'alternative *qui indique* au subjonctif envisagerait l'accomplissement éventuel d'un fait programmé, tandis que *qui indiquera* mettrait l'accent sur la certitude de son effective réalisation ; dans l'ex. 1, tiré de notre corpus, *élargissant* remplace l'indicatif *qui élargit*, alors que *donnant* pourrait commuter avec un subjonctif, *qui donne* :

46 Selon Halmøy (2008 : 48) cet emploi du participe présent correspond à « plus de 80% de ses occurrences » dans le corpus journalistique qu'elle a analysé.

a. Il sera tenu un registre *indiquant* la confession des élèves. (« Le Monde », dans Halmøy 2008 : 48)[47]
1. Mais en ajoutant à la dernière minute un article *élargissant* la définition du licenciement pour motif économique, la ministre du Travail a réussi à hérisser le poil de tous les syndicats, CFDT comprise, qui était pourtant « partante pour une réforme *donnant* plus de place à la négociation collective ». [*Les syndicats montent au créneau contre le projet de loi El Khomri*, « Libération », 18/2/2016]

Dans son étude consacrée à cet usage du participe présent (défini dès le titre « en emploi adnominal », à savoir comme complément qui se rapporte à un syntagme nominal), Kindt (2003) montre que l'équivalence avec la phrase relative n'est pas automatiquement réversible (tous ces participes peuvent être remplacés par une relative en *qui*, mais non vice versa) et met en avant les différences qui subsistent.

Pour ce qui concerne, d'un côté, la « fonction adnominale intégrée », à savoir la relative restrictive (Kindt 2003 : 56), premièrement la prédication exprimée par le participe présent est beaucoup plus limitée que celle véhiculée par la relative, la forme participiale ne pouvant donner aucune indication quant à la nature – réelle ou virtuelle – du procès, alors que la relative peut jouer sur l'indicatif, le subjonctif et le conditionnel. Deuxièmement, le participe ne peut pas utiliser le verbe *être* et ne peut pas se passer de compléments. Troisièmement, il possède une « valeur d'ensemble [...] au niveau textuel, le participe présent apportant une information essentielle, et sans doute nouvelle pour le lecteur, dans l'article du journal » (Kindt 2003 : 59). Concernant la « fonction adnominale détachée », c'est-à-dire la relative parenthétique ou appositive (Kindt 2003 : 66), la prédication exprimée par le participe présent est encore une fois plus restreinte que la subordonnée relative, ses informations se référant uniquement à un syntagme nominal (sujet), et non à la prédication première dans son ensemble ; comme pour la relative restrictive, le verbe *être* se trouve en principe exclu.

Notre corpus regorge d'exemples qui illustrent cette fonction du participe présent et qui entraînent facilement une commutation par la

47 Le corpus d'Halmøy (2008) rassemble pour la plupart des exemples tirés d'œuvres de fiction ou de la presse, mais aussi d'ouvrages ou d'articles de linguistique (note 10, p. 59).

relative, que la valeur du participe présent soit restrictive (apportant un élément caractérisant essentiel au syntagme nominal auquel il se réfère : ex. 2, 3) ou appositive (c'est-à-dire parenthétique, accessoire : ex. 4, 5) :

2. La nuit des attentats, ils ont sûrement cherché des yeux, sur l'écran de leur téléviseur, sa silhouette parmi celles qui quittaient la salle de concert, les mains sur la tête, après l'assaut, ou parmi ces corps recouverts de couvertures de survie *gisant* sur des brancards. [*La quête insoutenable des familles*, « L'Obs », 16/11/2015]
3. La petite sœur n'était pas particulièrement fan des Eagles of Death Metal, groupe jugé « idolâtre » dans le communiqué de Daech *revendiquant* les attentats. [*La quête insoutenable des familles*, « L'Obs », 16/11/2015]
4. Comment s'étonner que les jeunes « racisés » ne fassent pas confiance à ces organisations et soient tentés de s'organiser de manière autonome ? […] Que les jeunes femmes, *portant* ou non le foulard, rejetées par toutes ces organisations antiracistes fassent entendre fièrement leur voix ? [*La lutte antiraciste n'est pas un « privilège blanc »*, « Le Monde », 13/11/2015]
5. Il [François Hollande] évoque pour la première fois l' « acte de guerre » commis par Daech et annonce la convocation du Congrès, *réunissant* députés et sénateurs, prévue lundi. [*Les jours qui ont fait basculer le quinquennat*, « Le Figaro », 20/11/2015].

Parfois le participe présent n'est pas directement lié à son antécédent, sans que sa fonction d'épithète remplaçant une subordonnée relative s'en trouve affectée ; au contraire, le parallélisme syntaxique avec cette dernière n'en ressort que plus évident, étant donné que la commutation est acceptable aussi dans ce cas de déplacement de la subordonnée relative, fréquent surtout dans la langue écrite, et *a fortiori* quand la relative est longue (Grevisse/Goosse 2016 : 1555) :

6. Le 2 septembre dernier, un protocole d'accord sur la sécurité de l'Euro 2016 a été signé entre l'État et la FFF, *répartissant* les tâches et les compétences. [*Football : inquiétudes pour la sécurité de l'Euro 2016*, « Le Point », 17/11/2015]

(Le 2 septembre dernier, un protocole d'accord sur la sécurité de l'Euro 2016 a été signé entre l'État et la FFF, *qui répartit* les tâches et les compétences).

7. Une nouvelle France semble apparaître, *confrontant* la gauche au pouvoir et l'extrême droite dans le rôle d'opposition officielle. [*Régionales 2015 : le grand perdant, c'est Sarkozy*, « L'Express », 14/12/2015]
(Une nouvelle France semble apparaître, *qui confronte* la gauche au pouvoir…)
8. J'ai adressé un courrier à François Hollande, Président de la République, hier matin, mardi 26 juillet. Hasard de l'actualité. Un nouvel attentat barbare de l'État islamique était en train d'avoir lieu à Saint-Étienne-du-Rouvray, *ciblant* une église. [*Un big-bang politique s'impose de toute urgence : lettre à François Hollande*, « Marianne », 27/7/2016]
(Un nouvel attentat barbare de l'État islamique était en train d'avoir lieu à Saint-Étienne-du-Rouvray, *qui ciblait* une église).

Les articles de notre échantillon se référant à des thématiques très diversifiées, les choix lexicaux varient beaucoup ; il est toutefois possible d'indiquer des lemmes particulièrement récurrents, tels que *concernant* (17 sur 305, soit 5,5%) dans son usage pleinement verbal (et non grammaticalisé), et *visant* (14 sur 305, soit 4,5%)[48]. Étant donné leur fréquence dans le corpus objet de son étude, Halmøy (2006 : 204) cite ces deux formes parmi les participes présents figés en emploi prépositionnel ou conjonctionnel, mais il nous semble difficile d'appuyer l'hypothèse d'un figement complet, leur productivité verbale (à savoir la possibilité d'une commutation avec la relative) demeurant évidente dans les cas que nous avons répertoriés. Car ici le participe présent figure « en charnière de groupe », position où la valeur verbale peut être aisément réactivée selon Arnavielle (2003b : 48) :

48 Halmøy (2006 : 207–208) dresse un inventaire essentiel des « paradigmes lexicaux » pouvant figurer dans le participe présent épithète liée, mais sauf pour *concernant* et *visant* (et, avec une récurrence inférieure, *permettant*), notre analyse n'entérine pas ses résultats.

9. Pourtant, le personnel hospitalier a appliqué sans tarder le Plan blanc : rentrer au plus vite les données *concernant* les disparus dans le logiciel Victimes qui les croisera avec celles qui arrivent de la Préfecture de Police de Paris. [*La quête insoutenable des familles*, « L'Obs », 16/11/2015]
10. « Même si les terroristes ont récemment privilégié des actions *visant* des individus pris au hasard dans la population, une attaque *touchant* nos réseaux reste une menace » ; [...] « Prévenir des attaques *visant* à prendre le contrôle à distance de systèmes critiques, voire à les détruire, est notre priorité », explique Guillaume Poupard. [*L'eau sous protection,* « L'Express », 1–7/6/2016]

Dans notre corpus nous avons relevé une tendance au cumul de participes présents épithètes liées, coordonnés entre eux (ex. 11–12) et parfois même suivis d'une subordonnée relative canonique, ce qui augmente le nombre de déterminations sur le référent (ex. 12) :

11. Les auteurs des attentats de Paris et de Bruxelles ne constituent pas une « génération spontanée ». Ils sont les disciples de djihadistes *prêchant* et *agissant* en France et en Belgique depuis plus de vingt ans. [*Un djihad en version française,* « L'Express », 1–7/6/2016]
12. François Hollande [...] tient, comme chaque semaine, le Conseil des ministres. L'occasion de présenter le projet de loi *prolongeant* et *réformant* l'état d'urgence, qui sera soumis dans la foulée à l'Assemblée et au Sénat. [*Les jours qui ont fait basculer le quinquennat,* « Le Figaro », 20/11/2015]

Le participe présent peut aussi se corréler à une autre forme verbale également paraphrasable par une subordonnée relative (ex. 13 : « (qui était) en train d'approcher », « et qui perdait ») :

13. Mohamed Lahouaiej Boujlel [...] était l'image d'un Daech en train d'approcher [...] le terme de sa possible extension et *perdant* là, comme il se doit, la précision, l'articulation, la distinction de ses mots d'ordre. [*Cinq erreurs à (essayer de) ne plus commettre après la tuerie de Nice*, « Le Point », 21/7/2016]

Les ex. 14–17 offrent un aperçu d'un usage très répandu du participe présent, investi d'un rôle textuel que nous pourrions définir citationnel, qui sert à embrayer la reproduction d'un discours (s'appuyant sur des verbes déclaratifs parmi lesquels *affirmer*, *dire* et *évoquer* occupent une place de choix). Qu'il s'agisse d'une fonction textuelle et non purement syntaxique est confirmé par le fait qu'elle peut être remplie également par une autre configuration du participe présent (en épithète détachée), qui paraît même plus productive en ce sens (cf. *infra*, par. 2.4.1). Comme pour ce dernier, il est clair que l'effet citationnel est intrinsèquement lié au sémantisme du verbe et des mots de son entour linguistique, outre la présence de fragments de discours rapporté :

14. En mars, les propos du ministre de la Ville Patrick Kanner *affirmant* qu'il existait en France une centaine de Molenbeek (le quartier de Bruxelles d'où avaient été pilotés les attentats de Paris), avaient fait polémique. [*L'ancien maire de Vénissieux réclame des mesures contre la «gangrène» islamiste*, « L'Express », 27/07/2016]
15. Un sous-échantillon de 724 personnes *se déclarant* de confession juive ou *disant* avoir au moins un parent juif est ainsi constitué. [*Une communauté aux aguets*, « L'Express », 6/1/2016]
16. D'un côté, un patronat tout sourire face à un « projet de loi [qui] va dans le bon sens ». De l'autre, des syndicats, crispés, *évoquant* une « réforme gravissime », « hallucinante », source de « régressions sans précédent », et *réfléchissant* déjà aux moyens d'action pour infléchir la réforme du code du travail de Myriam El Khomri. [*Les syndicats montent au créneau contre le projet de loi El Khomri*, « Libération », 18/2/2016]
17. Sandra Bertin assure qu'« au lendemain des attentats » un « commissaire de police », envoyé selon elle par le ministère de l'intérieur, et une autre personne *ayant dit* faire partie du cabinet du ministre, jointe par téléphone, lui ont demandé « de faire apparaître sur certains endroits des positions de la police nationale » et de rédiger un rapport « modifiable ». [*Polémique sur la sécurité à Nice : ce que l'on sait*, « Le Monde », 25/07/2016]

Nous signalerons également un emploi qui figure comme une extension du participe présent épithète liée, misant sur le potentiel iconique traditionnellement attribué à cette forme en raison de son aspect inaccompli qui fige l'action et accentue « son caractère à la fois concret et momentané » (Wagner/Pinchon 1962 : 312). Dans ce rôle syntaxique (mais pas exclusivement, comme nous le verrons dans les par. 2.4, 2.5 et 2.6), le participe présent intervient pour bâtir la composante descriptive d'un passage, juxtaposée à une phrase syntaxiquement complète (ex. 18–19), ou comprise à son intérieur (ex. 20–21) :

18. Toute activité avait été suspendue à midi : drapeaux en berne, églises *sonnant* le glas, métros à l'arrêt, programmes de télévision interrompus et rassemblements sur des places publiques. [*Trois jours de deuil national : du jamais-vu sous la V*[e] République, « Le Figaro », 14/11/2015]
19. On a vu d'abord des preuves d'une solidarité active, spontanée avec les victimes : ces chirurgiens, médecins, anesthésistes, infirmiers et infirmières *se mettant* spontanément à la disposition des hôpitaux, ces riverains qui spontanément ouvrent leurs portes pour la nuit aux naufragés de l'horreur, ces rassemblements spontanés. [*La mort et la vie*, « Marianne », 16–26/11/2015]
20. [à propos de la réaction des politiciens à l'attentat de Nice] Il y avait là un ancien président de la République, un ex-Premier ministre *aspirant* à entrer (enfin) à l'Élysée, une plume talentueuse reconvertie en adepte de la politique du lance-roquette, et les incontournables boutefeux du Front national, tous *piaffant* et *jouant* des coudes pour donner le coup de grâce à un pouvoir finissant. [*Sagesse du peuple, faillite des élites*, « Marianne », 21–28/7/2016]
21. Une introduction immédiatement suivie par l'entrée d'un millier de figurants *agitant* des feuilles de papier métallique soudainement transformées en coussins géants *faisant* office de tambours. [*Les Jeux olympiques de Rio sont officiellement ouverts*, « Le Monde », 05/08/2016]

Ce potentiel descriptif peut s'appliquer à suggérer un tableau où se dessinent simultanément plusieurs actions par des participes présents éloignés mais coordonnés (ex. 22, 23) ou alternés avec des imparfaits itératifs (ex. 24), ce qui étend l'interprétation itérative au participe présent aussi :

22. Sur Facebook, rassurer ses proches inquiets a d'abord consisté à mettre à jour son statut : l'un *expliquant* qu'il avait sa place pour le Bataclan mais qu'il l'a donnée à un ami qui lui-même n'a pas pu

s'y rendre, un autre *annonçant* qu'il a pu sortir de la salle et rentrer chez lui, une amie *confirmant* qu'il y a eu une attaque en bas de chez elle mais qu' « on va bien ». [*Attaques à Paris : comment la solidarité s'est organisée*, « Libération », 14/11/2015]

23. D'un côté, les brexiteurs, autrement dit les partisans de la sortie, vitupérants [sic], *sautant* sur leur chaise comme des cabris sur les plateaux de télévision, *accusant* de tous les maux l'Union européenne, de la crise des réfugiés et des migrants à la courbure des bananes. [*Grande-Bretagne : l'Europe par défaut*, « Marianne », 27/5/2016–2/6/2016]
24. Comme après chaque attentat, le trio Hollande-Valls-Cazeneuve a joué une partition bien connue : le premier ministre *multipliant* les interventions pendant que le ministre de l'Intérieur donnait chaque jour des éléments sur l'enquête et le profil de l'auteur de l'attentat. [*Terrorisme. Le doute s'installe*, « L'Opinion », 18/7/2016]

Le participe présent peut figurer comme seul élément verbal, parfois en série, régissant une phrase autonome, bien que conçue en complément au segment textuel précédent qui demande soit une exemplification (ex. 25), soit une spécification (ex. 26, 27, 28, second participe présent), soit un commentaire (ex. 29) :

25. Entre-temps, figure imposée du genre : l'évocation des étapes marquantes de l'histoire du pays hôte. Insectes en structures métalliques *vivant* dans l'épaisse forêt amazonienne, caravelles européennes *bravant* la tempête sur l'océan Atlantique avant d'accoster sur les côtes brésiliennes, esclaves venus d'Afrique *œuvrant* dans les plantations de canne à sucre, urbanisation chaotique… [*Les Jeux olympiques de Rio sont officiellement ouverts*, « Le Monde », 05/08/2016]
26. Quel que soit l'état mental de ces individus, il y a bien un projet derrière. Un projet mortifère, certes, *développant* les propos tenus par Ben Laden dans les années 90, à l'adresse du peuple américain. [*La mort et la vie*, « Marianne », 16–26/11/2015]
27. Quelques minutes plus tard, l'État islamique revendiquait l'attentat via son organe de propagande Amaq et présentait les deux assaillants comme des « soldats » de l'EI. C'est-à-dire comme des individus *ayant prêté* allégeance au groupe terroriste depuis l'étranger.

[*Prêtre égorgé à Saint-Étienne-du-Rouvray : ce que l'on sait*, « Le Figaro », 27/07/2016]

28. Parmi les avis récents du CIRC, plusieurs ont eu une forte résonance. C'est le cas de celui *caractérisant*, en 2015, le glyphosate, l'herbicide le plus utilisé au monde, comme probablement cancérogène. Ou celui *classant* la viande rouge dans la même catégorie et les viandes transformées dans celle des « cancérogènes pour les humains ». [*Il n'existe aucune preuve pour affirmer que le café favoriserait le cancer*, « Le Monde », 15/06/2016]
29. Dans cette région en pleine recomposition tectonique [...] sans planification tectonique, humanitaire, politique élaborée, l' « éradication » militaire de ces barbares ressemblera à celle des talibans. Une grave illusion nous *condamnant* à être les Sisyphes de l'interventionnisme... [*La vague d'émotion ne doit pas nous conduire au naufrage stratégique,* « L'Opinion », 16/11/2015].

Ailleurs le participe présent paraît fonctionner comme un pur élément descriptif qui prolonge une série pour corroborer la détermination, comme le souligne Arnavielle (2003b : 43) pour éclairer le statut syntaxique de cette forme : le participe présent « se coordonne, de façon explicite ou implicite (juxtaposition), avec des éléments à valeur adjective, adjectifs proprement dits, substantifs caractérisants, propositions relatives » :

b. C'était un homme d'honneur, fidèle en amitié, *refusant* toute bassesse. (Arnavielle 2003b : 43, sans indication de source).
c. Tu veux dire que si le S.R.L. avait été un petit groupe effacé, silencieux, *travaillant* docilement dans votre ombre, vous l'auriez toléré ou même encouragé ? (de Beauvoir, *Les mandarins*, dans Kindt 2003 : 62)

Dans cette juxtaposition le participe présent figure toujours en dernière position, s'intégrant dans le syntagme nominal après d'autres « compléments adnominaux » et peut se justifier par « une question de rythme et de style » (Kindt 2003 : 62), comme l'illustrent plusieurs exemples de notre corpus :

30. La France se prévalait, auprès des pays qui « découvraient » le terrorisme sur leur sol, d'une solide expérience [...]. Cette primeur avait conduit à un arsenal légal et des dispositifs opérationnels précurseurs et *faisant* référence chez tous nos partenaires. [*La vague d'émotion ne doit pas nous conduire au naufrage stratégique*, « L'Opinion », 16/11/2015]
31. Quelqu'un a composé sur Twitter un mur de photos de certains de ces visages. [...] Comme ce jeune homme sérieux, les cheveux légèrement roux, *posant* dans une chemise rouge et blanche à carreaux. [*La quête insoutenable des familles*, « L'Obs », 16/11/2015]
32. « L'État islamique accepte toutes les recrues qui se présentent. [...] Même si les médecins ou les ingénieurs sont très recherchés, des aveugles, des personnes en fauteuil roulant ou *présentant* tout type de handicap peuvent rejoindre leurs rangs. [*Attentat de Nice : le terroriste avait soigneusement planifié son acte,* « Le Figaro », 17/07/2016]
33. Lorsque les pouvoirs publics ont voté en 2013 la mise en œuvre de la généralisation de la complémentaire santé à l'ensemble des entreprises, les cas « complexes » comme celui des salariés en contrats courts ou *travaillant* à temps très partiel n'avaient pas été arbitrés. [*Complémentaire santé : le Conseil constitutionnel complique la vie des PME*, « L'Opinion », 16/8/2016]

Le participe présent peut remplir également un « rôle atomisant » (Halmøy 2003 : 159), apte à décomposer et singulariser les divers moments d'une action, de manière ponctuelle, suggérant une succession, comme dans cet exemple prototypique qui cumule plusieurs occurrences :

d. Le corps désarticulé comme une marionnette, *sautant*, *cabriolant*, *faisant* des moulinets avec ses bras, *pointant* les doigts vers le haut, vers le bas, *tournant* sur lui-même comme une toupie. (Cusset, ouvrage non précisé, dans Halmøy 2003 : 159)

Parmi nos exemples, le numéro 34 ci-dessous semble pouvoir s'inscrire dans cette sous-catégorie et désigner clairement une progression narrative :

34. [à propos des personnes venues à la morgue pour chercher des traces de leurs proches après l'attentat au Bataclan] Et puis il y a Jeanne et Jacques, la petite trentaine, arrivés par le métro, *repartant* à pied. [*La quête insoutenable des familles*, « L'Obs », 16/11/2015]

2.4 Participe présent épithète détachée

Cette configuration, appelée également *apposition*, *attribut libre* ou *attribut indirect*, est fréquente dans la langue littéraire, mais aussi dans la presse (cf. Havu/Pierrard 2007 : 276)[49] ; dans notre corpus elle représente environ 33% des emplois du participe présent (avec 215 occurrences sur 651), correspondant ainsi à la deuxième catégorie de participes la plus représentée. Elle prévoit un participe présent séparé par une pause de son support nominal (qui peut remplir n'importe quelle fonction syntaxique), avec des effets de sens variables, souvent causal au début et résultatif à la fin, sans que la position ne soit décisive quant à son interprétation, qui ressent d'une interaction de facteurs (cf. Halmøy 2008 : 50–54). C'est dans ce cas uniquement, « quand il est apposé au syntagme nominal sujet de la prédication première, que le participe présent peut, dans certaines conditions, entrer en concurrence avec un gérondif », sans grande distinction sémantique (Halmøy 2008 : 50)[50]. Là où les deux formes sont interchangeables, le choix de l'une ou de l'autre dépendrait également de facteurs diamésiques, la langue parlée recourant plutôt au gérondif en des cas pareils (cf. Wind 2007 : 13), alors que le participe présent renverrait à un usage plus soutenu, voire littéraire (cf. Høyer 2003 : 32) :

a. *Sortant* du cinéma, Paul a rencontré Marie. (Halmøy 2008 : 50)
b. *En sortant* du cinéma, Paul a rencontré Marie. (Halmøy 2008 : 50)

---

49 Pour ce qu'elle définit « participe présent en fonction de complément circonstanciel », Wind (2007 : 6) parle d'un usage presque uniquement circonscrit à la langue écrite.

50 Cette propriété circonstancielle du participe présent est reconnue et commentée également par Arnavielle (2010a : 17).

Le participe présent semble véhiculer une plus forte valeur rhématique que le gérondif et miser sur le potentiel de caractérisation du support nominal, plutôt que sur l'enrichissement circonstanciel qui est le propre du syntagme gérondival (cf. Halmøy 2008 : 53), analyse qui appuie l'interprétation proposée par Herslund (*infra*, par. 1.3.2), qui conclut sur la valeur temporelle gérondivale d'un côté et la charge sémantique du participe présent de l'autre.

Saskia Kindt, linguiste tenante, elle, de la position bi-morphématique, aboutit à des conclusions compatibles avec celles évoquées ci-dessus pour ces cas de concurrence entre participe présent et gérondif ; le gérondif « établit une interdépendance syntaxique et sémantique très forte » entre principale et subordonnée, alors que l'énoncé au participe présent « ne s'intègre pas aussi fortement dans la proposition principale » (Kindt 1999 : 110, dans Kleiber 2007a : 108) :

c. Il a fait enrager tout le monde *en chantant* très faux.
d. Il a fait enrager tout le monde, *chantant* très faux.

On peut ajouter que le gérondif dans l'ex. c. paraît focaliser la situation toute entière, alors que le participe présent en d. focalise plutôt le sujet, sur lequel il donne une information supplémentaire (interprétation avalisée aussi par la ponctuation)[51]. Cette remarque va dans le même sens que les affirmations de Rihs (2010 : 211), selon qui, dans les cas de concurrence, il est ardu de parler de valeur circonstancielle pour le participe présent « puisque sa portée est réduite au nom et non à l'ensemble de la prédication principale ».

Selon Halmøy (2003 : 159–160), l'alternance entre participe présent et gérondif peut survenir quelle que soit la position de la forme en *–ant* ; dans notre corpus les exemples pouvant commuter avec un gérondif confirment tous la nécessité d'une expansion :

---

51 C'est également l'avis de Høyer (2003 : 8), qui a consacré son mémoire de DEA à la question de la concurrence entre participe présent et gérondif : « Il y a toujours une nuance subtile selon que la forme en *–ant* porte sur le sujet ou la suite sujet-verbe. Alors, si l'on veut caractériser le sujet du procès plutôt que le procès lui-même, le participe présent est à préférer. Mais quand il importe peu pour le sens que le noyau de la forme en *–ant* soit le sujet ou la suite sujet-verbe, on peut indifféremment employer le participe présent ou le gérondif ».

1. *Croyant* à tort que l'heure était venue de toucher les « dividendes de la paix », les Européens ont d'un même mouvement baissé la garde et taillé dans leurs budgets de défense après la chute du Mur de Berlin. [*Sécurité : Donald Trump dit ses quatre vérités à l'Europe*, « L'Opinion », 22/3/2016]
2. *Prêchant* pour sa paroisse, la commissaire de police conteste le « pilotage présidentiel » de la politique du renseignement. [*La France mal renseignée*, « L'Express », 1–7/6/2016]
3. *Exportant* plus de la moitié de sa production, elle [l'Allemagne] amasse des excédents commerciaux [...] thésaurisés en excès d'épargne pour rassurer un peuple qui ne fait plus d'enfants et s'inquiète pour ses retraites. [*Brexit : derrière le bouc émissaire anglais, le problème allemand*, « Marianne », 17–30/6/2016]
4. Le porte-parole du gouvernement, Stéphane Le Foll [...] a lui aussi souligné le succès du « barrage républicain ». « Il y a eu une mobilisation, un choix difficile à faire pour retirer des listes, les électeurs de gauche sont allés voter », a-t-il commenté, *restant* prudent et *se refusant* à parler d'une victoire pour le PS. [*Régionales : soulagé, le PS se refuse à tout «triomphalisme»*, « Le Figaro », 13/12/2015]
5. Les premiers éléments de l'investigation attestent que Mohamed Lahouaiej Bouhlel a préparé l'attaque bien en amont, *menant* notamment des repérages sur la promenade des Anglais. [*Attentat de Nice : le terroriste avait soigneusement planifié son acte*, « Le Figaro », 17/07/2016]
6. Au cœur de ce processus, des rabatteurs. Ils sont chargés de parcourir la France, *allant* de réceptions en évènements sportifs pour trouver des clients susceptibles d'être intéressés à l'idée de mettre leur argent en Suisse, et ainsi fuir le fisc français. [*Comment UBS a organisé l'évasion fiscale en France*, « L'Opinion », 17/2/2016]
7. La France se réveille sous le choc, *découvrant* l'effroyable bilan des attaques. [*Les jours qui ont fait basculer le quinquennat*, « Le Figaro », 20/11/2015]
8. Leurs utilisateurs ne chôment pas, *diffusant* quelque 40.000 tweets quotidiens. [*Les nouvelles menaces terroristes*, « L'Express », 1–7/6/2016]

Parmi les exemples antéposés, 1 (*croyant*) et 2 (*prêchant*) semblent appuyer la distinction entre participe présent et gérondif sur la base de la focalisation sur le sujet évoquée ci-dessus, qui serait mieux servie par le premier, ce que confirment également les deux exemples post-posés de la phrase 4 (*restant* ; *se refusant*). L'ex. 3 (*exportant*) paraît davantage orienter la lecture vers l'expression de la cause, alors que les exemples 5 (*menant*) et 6 (*allant*) ajoutent un complément d'information à la principale, et 7 (*découvrant*) et 8 (*diffusant*) prennent une plus forte coloration explicative.

Ces premiers exemples montrent l'inanité de tâcher de définir des valeurs qui seraient automatiquement déclenchées par la position du participe présent épithète détachée ; le sémantisme des verbes y est évidemment pour quelque chose, comme dans l'ex. 9, affichant un effet résultatif, puisque l'action de « piétiner » apparaît comme inéluctable après celle à peine mentionnée, « se ruer », dans le contexte du massacre du Bataclan :

9. Une deuxième vague de spectateurs se rue vers la porte ouverte, « *piétinant* les morts ». [*Le bruit des chargeurs qui se vident et qu'ils réarment sans fin*, « L'Obs », 16/11/2015]

On ne peut pas ne pas remarquer que dans l'exemple ci-dessus le participe présent est porteur d'une valeur de concomitance qu'il partage avec les possibilités du gérondif, ce que montre aussi l'ex. 10, où l'effet souhaité par Xi Jinping (« renforcer son aura ») est envisagé comme simultané à ses actions (v. la locution « au passage », commune également parmi les gérondifs de concomitance, cf. *infra* par. 3.3.2.1) :

10. Cette année, c'est lors du passage du président Xi Jinping à Washington, fin septembre, que la République populaire s'est prononcée pour la création d'un marché national de crédits carbone d'ici à 2017. Ces annonces entre les deux géants sont utiles en politique intérieure, car Xi Jinping ambitionne de traiter d'égal à égal avec les États-Unis, *renforçant* au passage son aura. [*Climat : François Hollande se félicite du soutien de Pékin*, « Le Monde », 02/11/2015]

La configuration syntaxique de la phrase 11 est intéressante puisqu'elle enchaîne les deux formes pouvant entrer en concurrence : il est à noter que *profitant* focalise l'attitude du référent (« plusieurs des terroristes ») et que, par rapport au gérondif de moyen *en se faisant*, qui précise les circonstances effectives de l'événement relaté, il instaure un lien plus lâche avec la principale, transmettant un détail explicatif plus général :

11. On sait aujourd'hui que plusieurs des terroristes du Bataclan ont pu s'infiltrer dans l'Union en se faisant passer pour des demandeurs d'asile, *profitant* de l'absence de contrôles sur la « route des Balkans ». [*Sécurité : Donald Trump dit ses quatre vérités à l'Europe*, « L'Opinion », 22/3/2016]

Le participe présent de l'ex. 11 pourrait très bien être remplacé par une coordonnée, « et ont profité », ce qui n'est pas rare pour l'épithète détachée, pour lequel on observe des configurations qui prouvent que la fonction du participe présent peut osciller entre coordination et subordination, quelle que soit sa position :

e. Elle leva les yeux et, le *voyant* réveillé, lui sourit. (Desforges, *Rue de la Soie*, dans Halmøy 2008 : 53).
f. *Se penchant, examinant* le sol, puis *se relevant*, il exprima son embarras. (Arnavielle 2003b : 51, sans indication de source)
g. *Saisissant* son fusil, Paul s'élança. (Le Goffic 1997 : 129, sans indication de source)

Le participe s'insère ici dans une chaîne où il pourrait aisément être substitué, dans un rapport de coordination, par un temps à un mode fini et personnel, d'aspect ponctuel, saisissant le procès dans sa globalité et faisant avancer la narration (e. « il le *vit* réveillé », f. « il *se pencha, examina* etc. », g. « il *saisit* »), ce qui amène Gettrup (1977 : 257) à parler de l'existence d'un « participe présent perfectif » et Arnavielle (2003b : 51 ; 2010a : 16) d'un « participe présent narratif ». Nous renvoyons à la section suivante (par. 2.4.1) pour l'exemplification tirée de notre corpus, puisque c'est dans la postposition que s'illustre le mieux cette fonction narrative, la disposition iconique par rapport au verbe régissant étant la plus propice à suggérer une idée de successivité[52].

52 Cf. Halmøy (2008 : 54) : « la linéarité séquencielle reflète iconiquement la successivité ».

2.4.1 Participe présent épithète détachée postposé

Les cas de postposition du participe présent épithète détachée sont les plus nombreux dans cette catégorie de notre corpus, ce qui avalise les données acquises dans d'autres études[53] : avec 170 occurrences sur 215, ils représentent 79% du total.

Comme nous l'avons évoqué plus haut, le participe présent épithète détachée en postposition se prête à exprimer la succession, qui se trouve renforcée par le détachement rythmique propre à ce cas de figure. Cette interprétation peut émerger de la situation elle-même telle qu'elle est illustrée (ex. 12 : l'avion s'envole forcément avant de survoler les plages ; ex. 13 un mot-clé doit nécessairement être inventé avant de circuler massivement), ou peut être inscrite dans le sémantisme du verbe au participe, qui peut impliquer un décalage temporel (ex. 14 *passant*), un enchaînement logique (ex. 15 *entraînant*) ou une conséquence possible (ex. 16 *engendrant*) :

12. [à propos de l'évocation des étapes marquantes de l'histoire du Brésil] Avant le vol du pionnier de l'aviation Alberto Santos-Dumont à bord de son 14 Bis, qui s'est envolé dans les airs au-dessus du Maracana dans la nuit de Rio, *survolant* les interminables plages cariocas, sous le regard de la statue du Christ rédempteur du haut du Corcovado. [*Les Jeux olympiques de Rio sont officiellement ouverts*, « Le Monde », 5/8/2016]
13. Pendant que les Français s'organisaient, il semble que c'est aux États-Unis qu'a émergé le mot-clé #PrayForParis – « Prions pour Paris » –, *tournant* en boucle sur les réseaux sociaux tout le week-end comme l'avait fait #JeSuisCharlie au mois de janvier. [*Attaques à Paris : comment la solidarité s'est organisée*, « Libération », 14/11/2015]
14. Reste qu'en janvier, alors qu'il bénéficiait d'un relatif climat d'unité nationale, François Hollande avait été incapable de le traduire politiquement, *passant* très vite à autre chose. [*Riposte : Hollande contraint à frapper plus fort*, « L'Opinion », 15/11/2015]

---

53 Havu/Pierrard (2013) font état d'une préférence pour la position finale dans le corpus journalistique qu'ils ont étudié et comparé avec un corpus littéraire.

15. Un véhicule chargé d'explosifs a été retrouvé à proximité du stade, *entraînant* son évacuation. [*Hanovre : le match Allemagne-Pays-Bas annulé pour menace d'explosion*, « Le Point », 17/11/2015]
16. La multiplication des actes antisémites [...] c'est dans certaines communes de banlieue où communautés arabo-musulmane et juive cohabitent qu'elle a été la plus forte, *engendrant* un sentiment d'insécurité très prégnant. [*Une communauté aux aguets*, « L'Express », 6/1/2016]

Même en l'absence d'un sémantisme verbal particulier, le participe présent peut sortir un effet de sens « 'résumant', marquant une conclusion ou une synthèse » (Halmøy 2003 : 159), souvent explicitée par un adverbe tel qu'*ainsi*[54], mettant en avant une conséquence (dans les ex. 17, 18), ou un résultat (ex. 19) :

17. « Lorsque tu mets ton enfant à l'école de la république, tu acceptes qu'il ingurgite cette bouillie de mécréance, *corrompant* ainsi sa prime nature et lui *faisant* emprunter les voies des gens de l'Enfer ». [*La propagande de Daech s'en prend à l'école française,* « Le Figaro », 02/12/2015]
18. Peu après 9 heures, une autre bombe explose dans la station de métro Maelbeek, au cœur de la ville, *faisant* une quinzaine de morts. [*Bruxelles, la terreur et les larmes*, « Le Point », 24/3/2016]
19. Les premiers enseignements concernent les résultats dans les six régions où le FN était arrivé en tête au premier tour. Xavier Bertrand et Christian Estrosi l'emportent chacun face à Marine Le Pen et Marion Maréchal-Le Pen. Selon des résultats non définitifs, le premier recueillerait 57,2 %, *battant* largement la présidente du FN. [*Régionales : la droite devance la gauche, le FN en échec*, « Le Figaro », 14/12/2015]

Certains de ces participes semblent, plus que d'autres, revendiquer une vocation à échapper à la subordination pour suggérer un complément autonome à la prédication principale, qui pourrait aisément être véhiculé par une coordonnée. C'est ce que montrent les exemples suivants,

54 Selon Kindt (2000 : 262) *ainsi* sert à lexicaliser l'explicitation de la valeur pragma-sémantique du participe présent postposé.

où le participe présent signale une implication (ex. 20) ou une exemplification (indiquant l'extrême atteint : « *allant* jusqu'à », ex. 21–22) du contenu de la principale :

20. Mais la pollution est également très importante dans les océans, *représentant* un véritable danger pour la faune. [*Sacs en plastiques, pourquoi tant de haine ?* « Le Figaro », 01/07/2016]
21. « Ils deviennent fanatiques, *allant* jusqu'à sacrifier des civils innocents (et parfois eux-mêmes) parce qu'ils sont habités d'une plainte, réelle ou perçue, et à leurs yeux le terrorisme est le meilleur moyen de lutter ». [*Comment naissent les terroristes*, « L'Opinion », 15/11/2015]
22. L'inquiétude des experts est d'autant plus grande que les ménages britanniques évaluent leur richesse en fonction du prix de l'appréciation de leur bien immobilier. Tant que les prix montent, ils se sentent plus riches. Plus riches, même virtuellement. Et donc plus enclins à consommer, *allant* jusqu'à rajouter des doses de crédits à la consommation. [*Vent de panique sur la pierre britannique*, « Libération », 6/7/2016].

Si, comme nous venons de le constater, la postposition favorise l'émergence d'une interprétation résultative, voir successive, la lecture causale explicative ou la justification n'en sont pas exclues pour autant (ex. 23–25, ce dernier renforcé par la conjonction « car »[55]), tout comme la temporelle (ex. 26 : « pendant qu'il saute »)[56] :

23. Seuls six députés frondeurs du PS et écologistes ont voté contre, *arguant* de la menace des libertés individuelles. [*Les jours qui ont fait basculer le quinquennat*, « Le Figaro », 20/11/2015]
24. Entre les deux tours, les têtes de liste de la droite progressent chacune de 30 points, *bénéficiant* du retrait des candidats de gauche et des appels à faire barrage au FN mais aussi d'une meilleure

55 Grevisse/Goosse (2016 : 335, R4 268) définissent cette configuration où *car* est suivi d'un adjectif ou d'un participe « un usage un peu aventureux ».

56 Nous ne voyons pas d'autre interprétation sémantique possible pour cet exemple, bien que Gettrup (1977 : 269) estime « difficile, sinon impossible, de donner au syntagme participial la valeur d'un repère temporel ». Pour d'autres exemples, v. *infra*, par. 2.4.2.

mobilisation. [*Régionales : la droite devance la gauche, le FN en échec*, « Le Figaro », 14/12/2015]

25. Le diagnostic posé à l'époque par un rapport d'enquête est sans équivoque : la France souffre d'une « fracture touristique ». Plusieurs mesures ont été mises en œuvre, depuis, pour y remédier, mais « ça démarre tranquillement », souffle-t-on du côté d'un des acteurs du secteur. Parmi les préconisations du rapport : la simplification des aides au départ, peu lisibles car *relevant* de différentes structures (collectivités, CAF, comité d'entreprise...). [*Pas de vacances pour les inégalités*, « Libération », 10/8/2016]
26. Abaaoud est filmé sur la ligne 9 du métro, *sautant* en compagnie d'un autre homme les tourniquets de la station Croix-de-Chavaux à 22h13. [*Vie et mort d'une bande d'assassins*, « Le Point », 26/11/2015]

Les exemples ci-dessous montrent l'agencement dans une même phrase de deux participes présents au référent et au rôle différents, le premier fonctionnant comme épithète liée (ex. 27 : « un communiqué *qui niait* » ; ex. 28 : « des voitures *qui quittaient* »), le second comme une épithète détachée postposée spécifiant l'information principale (ex. 27 : *qualifiant*) ou ses conséquences (ex. 28 *réveillant*) :

27. Jeudi soir, Twitter a publié un communiqué *niant* les informations dévoilées par BuzzFeed, les *qualifiant* d' « inexactes » [*Twitter ne parvient pas à régler son problème de harcèlement*, « Le Figaro », 13/08/2016].
28. En juillet, un énorme embouteillage a bloqué pendant de longues heures à Douvres des voitures *quittant* l'Angleterre pour la France, *réveillant* toutes les angoisses suscitées par le Brexit [*Le retour des gardes-barrières*, « Libération », 5/12/2016].

Ces deux exemples prouvent l'importance du rôle de la ponctuation pour bien cerner la fonction du participe présent (le référent de *qualifiant* étant « Twitter » et celui de *réveillant* « un énorme embouteillage »)[57]. L'exemple 29, syntaxiquement assez alambiqué, montre que pourtant

57 Le paramètre de la ponctuation est également évoqué par Kindt (2000 : 265) dans l'analyse des emplois du participe présent.

elle ne suffit pas à éviter l'ambiguïté et qu'une prise en compte de tout le contexte s'avère nécessaire. Car *échangeant* peut être d'abord interprété comme un participe épithète liée parenthétique, accessoire, détaillant le « troc secret » arrangé avec « la CGT », laquelle ne peut pas fonctionner comme référent du participe étant donné son hostilité manifeste vers l'article 2, dont elle ne peut donc pas vouloir « le salut ». La configuration de la phrase n'exclut toutefois pas la possibilité que *échangeant* se réfère au « chef de l'État » en tant que promoteur et agent d'un échange fortement voulu du côté gouvernemental (lecture qui avaliserait l'interprétation du participe comme épithète détachée):

29. Mais s'il [le Chef de l'État] s'en sort par une ruse sémantique dans la réécriture de la loi, un troc secret avec la CGT, *échangeant* le salut de l'article 2 contre un peu de laxisme à la SNCF, ou tout autre compromis sorti de son inépuisable grimoire de sorcellerie politique, le président ne sera pas tiré d'affaire. [*Chaos debout*, « L'Express », 1–7/6/2016]

Dans tous les journaux dépouillés nous avons recensé de nombreux exemples du participe présent épithète détachée postposé en emploi citationnel, c'est-à-dire servant à introduire la reproduction d'un discours. Comme pour la configuration en épithète liée (cf. *infra*, par. 2.3) l'effet citationnel est lié en premier lieu au sémantisme du verbe et du cotexte linguistique, exploitant le champ associatif du dire :

30. En décembre 2014, le think-tank Terra nova va plus loin encore *estimant* que « la légalisation permettrait de mieux accompagner les populations en difficulté en allouant des ressources conséquentes à la prévention, en particulier chez les jeunes adultes ». [*Marseille : en finir avec la prohibition du cannabis et l'état de guerre dans les cités,* « Libération », 5/11/2015].
31. Le sélectionneur de la Mannschaft Joachim Löw avait refusé dès lundi de répondre à la moindre question sportive, *présentant* le match comme un « symbole de liberté, de démocratie et de solidarité avec nos amis français ». [*Hanovre : le match Allemagne-Pays-Bas annulé pour menace d'explosion*, « Le Point », 17/11/2015]
32. Depuis vendredi, François Hollande a multiplié les entretiens avec les dirigeants étrangers, *appelant* à un « sursaut européen » après

le choc du Brexit. [*Brexit : François Hollande prend la température politique en France avant Berlin et Bruxelles*, « Le Monde », 25/06/2016]

Dans les phrases bâties sur deux verbes de dire, l'effet de successivité est évident car il ne peut pas y avoir de superposition d'énonciation (ex. 33–37) :

33. Ce jeune homme est scolarisé au lycée Dumont-d'Urville de Toulon quand, à l'âge de 17 ans, en 2012, il réagit à la publication par « Charlie Hebdo » de caricatures de Mahomet. Il affirme ne pas supporter ce blasphème et le dit bruyamment sur Facebook, *promettant* même d' « égorger les caricaturistes ». [*Les nouvelles filières djihadistes*, « L'Obs », 16/11/2015]
34. Manuel Valls était samedi soir sur le plateau de TF1. […] « Nous avons toujours dit qu'il n'y avait pas de risque zéro », a-t-il rappelé, *assurant* que la France doit « s'attendre à d'autres répliques ». [*Hollande à nouveau confronté à « l'horreur » du terrorisme*, « Le Figaro », 15/11/2015].
35. Il [Nicolas Sarkozy] a réclamé des « modifications drastiques » de sa [de François Hollande] politique de sécurité, qui à ses yeux ne permet pas aux Français de se « sentir en sécurité », *prônant* également une « inflexion » de sa politique étrangère en Syrie. [*Riposte : Hollande contraint à frapper plus fort*, « L'Opinion », 15/11/2015]
36. « Mais nous sommes, dans ce premier tour, deux formations politiques de force équivalente », a-t-il [Nicolas Sarkozy] ajouté, *rappelant* la ligne du « ni retrait ni fusion » pour le second tour et *excluant* tout alliance avec le FN. [*Sarkozy veut fixer la «ligne» des Républicains avant la primaire de 2016*, « L'Express », 11/12/2015]
37. Le poids lourd de 3,5 tonnes a percuté des badauds sur une distance de 2 kilomètres, a expliqué la préfecture, *ajoutant* que le chauffeur a été abattu. Le véhicule était chargé « d'armes et de grenades », a par ailleurs indiqué Christian Estrosi, président de la région Provence-Alpes-Côte d'Azur, *confirmant* qu'il reste peu de place au doute quant à la piste terroriste. [*Nice : un camion fonce sur la foule, faisant plus de 80 morts*, « Marianne », 14/7/2016]

Cette fonction discursive semble entériner la remarque d'Halmøy selon laquelle l'alternance entre participe présent et gérondif est favorisée par « des contextes où la forme en *–ant* [...] peut être incidente soit à un verbe de *dire*, soit à son sujet » (2003 : 160); dans cet usage le participe présent épithète détachée se rapproche du gérondif considéré dans ses emplois de fausse concomitance ou de contiguïté temporelle (cf. *infra* par. 3.3.3), tant que l'on a pu parler d'une sorte de « contamination » actuelle du second (traditionnellement voué à l'expression de la simultanéité) par le premier (Hellqvist 2017 : 113).

Dans notre échantillon nous retrouvons également des cas de participe présent épithète détachée postposé en phrase indépendante, ce qui comporte une indéniable mise en relief de l'action mentionnée : les affirmations évoquées dans 38 et 39 (exemples recouvrant l'emploi citationnel indiqué ci-dessus), les implications de la position prise par Sarkozy (40), l'astuce d'Areva (41) et l'objection à la thèse de Piketty (42) :

38. Il [le restaurateur] s'est excusé. *Reconnaissant* avoir dérapé à cause du contexte sur le burkini, et parce qu'un de ses amis était mort au Bataclan. [*Un restaurateur refuse de servir deux femmes voilées*, « Libération », 28/8/2016]
39. Ce n'est pas du tout l'avis du ministère de l'Éducation nationale! « Cette enquête payante proposée par l'OCDE a surtout une valeur ajoutée pour des pays qui, à l'inverse de la France, ne disposent pas d'une école maternelle généralisée », y fait-on savoir. *Rajoutant* que, comme c'est le ministère qui « recrute, forme et évalue les personnels, le rapport coût/utilité d'une telle étude présente donc peu d'intérêt ». C'est ce qu'on appelle être juge et partie... [*Crèches, écoles maternelles : la France ne veut pas savoir si elle est bonne ou mauvaise élève*, « L'Opinion », 19/7/2016]
40. Il [Nicolas Sarkozy] a réclamé des « modifications drastiques » de sa [de François Hollande] politique de sécurité, qui à ses yeux ne permet pas aux Français de se « sentir en sécurité » [...]. *Se démarquant* de son rival dans la primaire à droite, Alain Juppé, qui affiche sa « solidarité » avec le gouvernement. [*Riposte : Hollande contraint à frapper plus fort*, « L'Opinion », 15/11/2015]

41. La direction d'Areva prend soin de consigner le blocage élyséen. *Conservant* tous les échanges. [*L'étonnante obstruction du général Puga,* « L'Express », 1–7/6/2016]
42. Piketty accrédite la thèse selon laquelle on tue pour l'argent, pour corriger une injustice sociale. *Oubliant* – par idéologie ou par manque élémentaire de culture générale ? – que les terroristes du 11 septembre 2001 étaient majoritairement saoudiens [...] et que les assassins du 13 novembre 2015 n'étaient pas tout en bas de l'échelle sociale. [*Trois batailles franco-françaises*, « Le Point », 26/11/2015].

Une analyse consacrée au Brexit, menée sur un ton très argumentatif, exploite ce participe présent autonome, en cascade, pour détailler les « diktats » de l'Allemagne aux autres pays membres de l'Union européenne ; le référent apparaît dans la phrase initiale, sous la forme de la métonymie « Berlin » :

43. Ce mélange d'impuissance et d'inquiétude conduit Berlin à s'imposer sous forme de diktats. *Organisant* l'étranglement de la Grèce tout en lui interdisant la sortie de l'euro. *Appelant* sans concertation aux migrations, puis, dans la panique, les *refusant* ; à chaque fois en violation des règles de Schengen. *Négociant* sans mandat une sous-traitance humiliante et risquée des frontières européennes à Erdogan. *Perturbant* l'investissement dans le marché de l'énergie en stoppant le nucléaire pour relancer le charbon conventionné. *Déstabilisant* la production porcine et laitière par le dumping social et l'élevage concentrationnaire. *Prenant* des initiatives diplomatiques nationales intéressées (Chine, Ukraine, Tafta), mais *limitant* sa participation aux efforts collectifs de défense au Moyen Orient ou au Sahel. [*Brexit : derrière le bouc émissaire anglais, le problème allemand*, « Marianne », 17–30/6/2016].

Dans ce genre de configuration en emploi indépendant le participe présent se trouve séparé de son support par une division phrastique sanctionnée par la ponctuation, « disjonction » qu'Arnavielle juge « fréquente dans le français contemporain » (2003a : 42). Selon lui, il s'agit d'un usage « caractéristique d'un style coupé » basé sur la juxtaposition du participe, « ouvrant une phrase et portant sur un N de la phrase précédente » (Arnavielle 1999 : 13).

Ailleurs ces exemples isolés de participe présent sont moins faciles à classer, comme le suivant (ex. 44), dépourvu d'un antécédent auquel se rattacher. Sémantiquement il se réfère au sujet général de l'article, annoncé dans l'attaque (« La disparition des sacs de caisse n'est qu'une goutte d'eau face à la pollution engendrée sur terre et surtout en mer par le plastique »), et à la suite du texte, soulignant l'ampleur du problème, qui ne sera pas résolu par la seule décision de la France. La phrase bâtie au participe présent paraît avoir une valeur concessive et introduire une réserve (le recyclage ne suffit pas), dont la formulation inusuelle met en relief l'argument :

44. Voilà pourquoi les déchets de plastiques s'ils ne sont pas récupérés et recyclés sont une catastrophe écologique. *Sachant* que la mesure que vient de prendre la France n'est qu'une goutte d'eau. En 2010 on estimait la quantité de plastique (tout produit confondu) produite dans le monde à 275 millions de tonnes (soit 11% de la quantité totale des déchets). Dans la revue Science, l'équipe de chercheurs suédois de l'université d'Uppsala rappelle que l'on produit désormais 300 millions de tonnes de plastique chaque année. La tâche est immense si l'on veut préserver les océans. [*Sacs en plastiques, pourquoi tant de haine?* « Le Figaro », 01/07/2016]

Dans cet usage la locution conjonctive « sachant que » semble participer à un système concessif, prenant la valeur d'un « cependant »[58]. Cette interprétation ressort plus clairement d'un autre exemple de participe présent épithète détachée en postposition, qui recourt au même mot (*sachant*) dans une configuration phrastique complète et avec un antécédent aisément reconnaissable (« il », soit le Premier ministre) :

58 Cf. Zanola (1999: 381) sur cette valeur concessive du participe présent *sachant* (ex. « Vous l'avez dit, *sachant* qu'il était défendu de le dire ») ; elle est également reconnue par Grevisse/Goosse (2016 : 1245), R1, 921 : « le participe, lorsqu'il est détaché, est compatible avec une idée de temps, de cause, de condition, de concession, et pourrait donc [...] être remplacé par une proposition adverbiale marquant explicitement ces relations ».

45. Il [Manuel Valls] a demandé vainement dans la cour de l'Élysée, après un premier conseil de Défense, de « faire bloc » face à la « guerre que le terrorisme nous livre », *sachant* qu'il n'en serait rien. [*Terrorisme. Le doute s'installe*, « L'Opinion », 18/07/2016].

2.4.1.1 Un participe présent attribut direct du sujet ?

En conclusion du traitement du participe présent épithète détachée postposé, une mise au point s'impose à propos d'une sous-catégorie controversée, celle du participe présent attribut direct du sujet. Halmøy (2013 : 282) affirme son impossibilité (ne reconnaissant que l'existence d'un attribut indirect du sujet précédé de *comme*, v. *infra*, par. 2.7)[59] et le ramène à une manifestation de l' « attribut libre » (autre dénomination en usage pour l'épithète détachée), incident au syntagme nominal de la principale, mais « susceptible d'être déplacé et antéposé au sujet » (Halmøy 2003 : 156) dans la plupart des cas :

a. Monsieur est à son volant, *voyant* rien du pays, et tout fier parce que son compteur marque cent cinquante (Rochefort, ouvrage non précisé).

Cependant, tous les exemples censés illustrer cet emploi que nous avons rencontrés dans la littérature spécifique s'alignent sur la postposition, ce qui nous a amenée à les inclure dans cette sous-classe du participe présent épithète détachée.

Herslund (2011 : 97) partage la position d'Halmøy et exclut également la fonction d'attribut direct du sujet pour le participe présent, inscrivant lui aussi dans la catégorie de l' « attribut libre » des exemples comme le suivant :

b. Elle est là *pleurant* à chaudes larmes.

Le Goffic (1993 : 363) est d'un avis opposé, qui recense le participe présent parmi les attributs accessoires du sujet, dans des phrases comme c. (où *croyant* est à entendre comme « avec la croyance/la conviction

59 Au de dire d'Halmøy « on ne rencontre de participe présent en fonction d'attribut du sujet que dans les paraphrases de linguistes », que la chercheuse qualifie « d'agrammaticales » (2013 : 282).

que ») ou d. (où la construction participiale avec l'adjectif équivaut à l'expression « dans sa jeunesse ») :

c. Il est mort *croyant* toujours que P (proposition),
d. Il avait beaucoup voyagé *étant* jeune.

La grammaire de Grevisse/Goosse (2016 : 297) admet également la possibilité d'un participe présent comme attribut « dans la langue littéraire au XIXe et parfois au XXe s. », à condition qu'il soit séparé du verbe être soit par la coordination avec un attribut appartenant à une autre classe (e.), soit par un complément de temps intercalé (f.) :

e. Nous étions fatigués et *mourant* de sommeil. (Chateaubriand)
f. Il fut d'abord quelques minutes *flottant* dans une espèce de rêverie. (Hugo)[60].

Pareillement, dans des cas semblables Arnavielle (2003b : 41) reconnaît la condition qu' « un médiateur s'intercale : adjectif [...], complément prépositionnel caractérisant ou situationnel, adverbe » :

g. ... qui sont souvent *roulant* des mécaniques. (« Le Canard enchaîné »)
h. ... mais ils étaient surtout fous de vélo, généreux dans l'effort, *mettant* un point d'honneur à s'offrir en « boucliers humains » face à ce vent terrible. (« Le Monde »)[61]

Dans notre répertoire la seule occurrence reconductible à ce modèle présente en effet une configuration où le participe est séparé du verbe être par deux déterminants (« symbolique et nullement dissuasive ») se référant à « elle » :

46. Le Parlement doit à tout prix instaurer une menace, puisqu'elle sera symbolique et nullement dissuasive, *pesant* sur chaque Français, quelle que soit la terre où plongent ses racines. [*Attentats. Ce qui a changé en France*, « L'Express », 6/1/2016]

60 En revanche la construction où le participe suit immédiatement la copule paraît « plus recherchée » et est attestée à travers des exemples littéraires du XIXe siècle et du début du XXe.

61 Exemples transcrits partiellement par Arnavielle dans la forme dans laquelle nous les citons.

Cet exemple atteste également la possibilité que le participe présent épithète détachée se juxtapose à une série d'éléments caractérisants, ce qui montre que cette option n'est pas exclusive de la fonction d'épithète liée (cf. *infra* par. 2.3, ex. 30–33). S'il est vrai, comme le croit Halmøy (2003 : 155, note 16), que « dans une suite coordonnée il peut parfois être difficile de décider si un participe présent en dernière position est une épithète liée ou détachée », par rapport aux cas classés dans la première catégorie, ici le verbe « sera » réalise un net détachement entre le référent (« elle ») et le participe présent (*pesant*), lequel, en outre, ne peut pas être substitué par une subordonnée relative. Guillaume (cf. *infra*, par. 1.2.1) avait déjà observé la possibilité d'une succession de participes présents en série après une copule, et indiquait une commutation possible avec une cascade de formes personnelles (ici on pourrait aisément avoir : « elle sera symbolique et nullement dissuasive, (*et*) *pèsera* sur chaque Français »).

2.4.2 Participe présent épithète détachée antéposé

Dans notre corpus les cas d'antéposition ne constituent que 19% du total des participes présents épithètes détachées (avec 41 occurrences sur 215). Ils permettent d'isoler plusieurs cas de figure : si certains exemples confirment la tendance (remarquée par Halmøy pour l'antéposition) à exprimer un sens explicatif-causal (ex. 47–50), d'autres se bornent à l'indication d'une corrélation, où émerge une réserve (exprimée par l'adverbe « néanmoins », ex. 51–52). La phrase 51 pourrait être reformulée comme « d'un côté il a qualifié... de l'autre il a pris soin...», alors que la 52 permet une lecture temporelle-circonstancielle (« dans sa réaction », « quand elle réagit »), valable aussi pour les ex. 53–55 et exprimable par une subordonnée temporelle ou une substantivation (ex. 53 *revenant* : « quand il était revenu de » ; « de retour de » ; ex. 54 *conduisant* : « pendant qu'il conduit » ; « au volant de »), ou une locution prépositionnelle (ex. 55 *partant* : « à partir de »)[62] :

62 Halmøy (2003 : 159) reconnaît que la position initiale de la forme en *–ant* (participe présent ou gérondif) peut favoriser l'émergence du « rôle de repère temporel ».

47. N'*étant* pas blessé, il est rentré chez lui dans la nuit, raccompagné par sa femme venue le chercher en voiture. [*Attaques à Paris : comment la solidarité s'est organisée*, « Libération », 14/11/2015]
48. Si la position de François est sans ambiguïté – il a appelé toutes les paroisses catholiques à accueillir une famille de réfugiés – celle du gouvernement polonais (conservateur) de Beata Szydlo l'est aussi. *Invoquant* des raisons de sécurité, cette dernière refuse au contraire tout accueil. [*Les Journées mondiales de la jeunesse débutent sous haute surveillance à Cracovie*, « Le Monde », 26/07/2016]
49. Aujourd'hui, *se sachant* traqués, épiés, les candidats au djihad ne prennent plus le risque d'afficher publiquement leur radicalisation. [*L'armée souterraine de Daech*, « L'Obs », 31/3/2016]
50. N'*observant* guère le ramadan, ni ne *mettant* a priori jamais les pieds dans une salle de prières, il se comportait donc en apparence comme les « mécréants » que honnissent les propagandistes de Daech. [*Attentat de Nice : le terroriste avait soigneusement planifié son acte*, « Le Figaro », 17/07/2016]
51. *Qualifiant* la hausse de près de dix points de la mobilisation de « signe de bonne santé de notre démocratie », il [Alain Juppé] a néanmoins pris soin d'appeler les Républicains à éviter les affrontements de ligne [*Pas de vague bleue pour les Républicains mais une victoire quand même*, « Le Figaro », 14/12/2015]
52. *Réagissant* à la publication de cette monographie qui va dans le sens de sa position de longue date, l'OMS invite néanmoins à se concentrer sur « les facteurs pour lesquels il existe des preuves bien établies de leur rôle causal dans le cancer de l'œsophage et d'autres localisations ». [*Il n'existe aucune preuve pour affirmer que le café favoriserait le cancer*, « Le Monde », 15/06/2016]
53. *Revenant* d'un long séjour en Syrie, où il avait notamment été un temps le geôlier des otages occidentaux de Daech, ce jeune Français [...] avait trouvé appui et soutien dans la capitale belge. [*Bruxelles, la terreur et les larmes*, « Le Point », 24/3/2016]
54. *Conduisant* un pick-up, quelque part sur le sable syrien, le bras nonchalamment accoudé sur le rebord de la portière, Abaaoud exulte. [*Vie et mort d'une bande d'assassins*, « Le Point », 26/11/2015]

55. *Partant* de ces données, nous avons regardé comment les pleurs étaient perçus par les auditeurs. [*Vous pensez savoir si un bébé qui crie est une fille ou garçon ? En fait, c'est impossible*, « L'Obs », 29/04/2016].

Le potentiel de caractérisation du participe présent qui le pousse vers l'adjectivation est d'autant plus évident dans les cas où il arrive en deuxième ou troisième position dans une série inaugurée par un participe passé (ex. 56–57), un substantif ou un adjectif (ex. 58) :

56. Déposés en voiture ou *venant* du métro, des couples, des familles se présentent aux policiers et pénètrent dans les lieux. [*La quête insoutenable des familles*, « L'Obs », 16/11/2015]
57. Favorisée par l'euro fort et *régnant* sur la main-d'œuvre sous-payée de son Hinterland de l'Est, l'Allemagne joue le rôle d'une petite Chine au détriment de l'Europe du Sud. [*Derrière le bouc émissaire anglais, le problème allemand*, « Marianne », 17–30/6/2016]
58. Mohamed Abrini. Délinquant de droit commun (vols, trafic de drogue…), *travaillant* dans une boulangerie, il est soupçonné de s'être rendu en Syrie, pour une courte durée, en juin 2015. […] Gelel Attar. De nationalité belge et âgé de 26 ans, *habitant* à Molenbeek entre 2011 et 2013, il est parti en Syrie en janvier 2013 avec Chakib Akrouh, un des tueurs des terrasses à Paris. [*Jihadistes : le puzzle belge*, « Libération », 22/03/2016]

Comme le montre déjà l'ex. 48 ci-dessus (*invoquant*), le participe présent épithète détachée peut connaître un rôle citationnel lorsqu'il est également en antéposition, où il paraît poser une prémisse discursive et logique se plaçant clairement avant le procès exprimé par la principale (ex. 59–62) :

59. *Critiquant* « l'ambition irréaliste et improductive d'une destruction totale de l'adversaire », il [le chef d'état-major de l'armée de terre, Jean-Pierre Bosser] préfère considérer que « vaincre suppose de prendre durablement l'ascendant » sur l'ennemi, « à la fois en l'affaiblissant et en nous renforçant ». [*Bruxelles, un jour dans la guerre*, « L'Opinion », 22/3/2016]

60. *S'insurgeant* contre les « falsifications de l'Histoire », l'iconoclaste Adonis n'a peur de rien, pas même d'évoquer longuement le sujet tabou de la violence du Coran avec ses 518 versets contre la mécréance ou ses 370 sur le supplice et leurs dérivés. [*La folie islamiste : lisez Adonis !*, « Le Point », 21/7/2016]
61. *Soulignant* la « mobilisation sans précédent des pouvoirs publics » dans la lutte contre « la radicalisation », il juge que la France « doit faire au monde entier la démonstration éclatante que l'islam est compatible avec la démocratie ». [*Valls détaille le « pacte » qu'il veut construire avec l'islam de France*, « Le Monde », 31/07/2016]
62. *Préconisant* de « changer de générations » et de mener « la bataille culturelle contre l'islamisme radical, auprès des jeunes et des moins jeunes », ils soulignent eux aussi qu'« il est temps » de « réactiver » la Fondation pour l'islam de France, qui « n'a jamais fonctionné », et de « lui donner la capacité de collecter des ressources ». [*Valls détaille le « pacte » qu'il veut construire avec l'islam de France*, « Le Monde », 31/07/2016]

L'enchaînement de participes présents aux fonctions différentes peut se faire aussi en antéposition par rapport à la principale, comme dans l'ex. 63, qui contient un participe épithète détachée de nature explicative (*arguant*) suivi d'un participe épithète liée *(évoquant)* intercalé entre son référent (« les notes blanches ») et le verbe régissant (« n'étaient pas ») :

63. *Arguant* du fait que les « notes blanches » transmises à charge par la direction du renseignement, *évoquant* la participation de ces militants à diverses violences au cours des manifestations précédentes, n'étaient « pas assez précises », ils [les avocats des militants] ont obtenu satisfaction. [*Sous le masque des nouveaux casseurs*, « Marianne », 27/5–2/6/2016]

2.4.3 Participe présent épithète détachée intercalé

Cette configuration prévoit un participe présent épithète détachée qui se trouve intercalé entre son support nominal et le verbe de la prédication première et les 4 seules occurrences dans notre corpus témoignent de sa faible extension (correspondant à 1,8% de ce type de participes présents) :

64. Le magazine [*Patience*] s'en prend pour des raisons politiques à l'idéologue français Alain Soral [...] : « Il est important que les musulmans de France prennent conscience qu'en suivant Soral et consorts, ils exposent leur foi et leur Islam à un grand danger. Ces derniers *étant* inféodés aux régimes syriens et iraniens poussent leurs lecteurs et auditeurs à soutenir, ne serait-ce que par les mots, l'Iran rafidite et la Syrie noussayrite dans leur guerre contre les musulmans sunnites de l'État Islamique ». [*La propagande de Daech s'en prend à l'école française,* « Le Figaro », 02/12/2015]
65. [Manuel Valls] juge qu'il n'a pas à faire le geste politique éminent d'un Georges Pompidou qui, *voyant* le pays gagné par la paralysie et la violence, avait envoyé en catimini un jeune secrétaire d'État à l'emploi nommé Jacques Chirac prendre contact avec la CGT pour négocier une sortie de crise [*Ça suffit, débloquez !,* « Marianne », 27/5/2016–2/6/2016]
66. Le même Manuel Valls, *sentant* que l'opposition réclame un nouveau tour de vis sécuritaire qu'il aura du mal à obtenir de sa propre majorité, referme déjà la porte. [*Terrorisme. Le doute s'installe*, « L'Opinion », 18/07/2016]
67. Même Mitterand, *bravant* la majorité des éditorialistes, avait su taire le vibrionnant Michel Rocard qui pensait son heure venue, l'*obligeant* à honorer le mitterandisme, ses pompes, ses œuvres et sa communication concoctée par Jacques Pilhan. [*Du vide et du trop-plein*, « Marianne », 27/5/2016–2/6/2016]

Les ex. 64–66 comportent une coloration causale, qui semble du reste être très fréquente pour cette position enchâssée (cf. Kindt 2000 : 262), tandis que dans l'ex. 67 *bravant* indique une action qui peut se dire simultanée à la principale et il est relayé par un autre participe présent encore épithète détachée, mais postposé et résultatif (*obligeant*). L'ex. 64 gagnerait sans doute en lisibilité en isolant par la ponctuation la remarque véhiculée au participe présent, « *étant* inféodés aux régimes syriens et iraniens ».

2.5 Participe présent prédicat dans une construction absolue (CA)

Cette construction prévoit toujours l'ordre syntagme nominal + participe présent et peut figurer dans n'importe quelle position dans la phrase, dotée souvent d'un sens causal au début (où elle est normalement dépourvue d'expansions) et d'un potentiel explicatif, fortement rhématique et donc porteur d'information, à la fin :

a. L'espérance de vie *augmentant*, les retraités sont de plus en plus nombreux (« Le Monde », dans Halmøy 2008 : 46).
b. Pourriez-vous me l'apporter immédiatement (le paquet par coursier, les colis de riche n'*empruntant* pas les voies postales usuelles) ? (Barbery, *L'élégance du hérisson*, dans Halmøy 2008 : 46).

Toutefois, comme pour la classe de l'épithète détachée (cf. *infra* par. 2.4), il est impossible d'attribuer une interprétation sémantique univoque sur la base du positionnement de la construction participiale absolue (CA). Celle-ci est fréquente dans la langue littéraire mais également dans la presse, où elle a tendance à occuper « une position polaire, surtout postposée » (Havu/Pierrad 2005 : 64), ce que reflète notre corpus. Avec 68 occurrences sur 651, cet usage constitue 10,4% des cas que nous avons répertoriés, se répartissant en participes postposés (l'écrasante majorité : 52), antéposés (8), intercalés (2) et coordonnés (1) ou indépendants (5).

Au dire de Martin Riegel, des verbes comme *aidant, venant*, très fréquents dans cet emploi (ex. *la chaleur aidant*, *l'âge venant*, dans le sens de *avec la chaleur, avec l'âge*), seraient en passe de se rallier à une sorte de grammaticalisation, le participe présent fonctionnant comme une simple préposition (*avec*)[63]. Dans notre corpus pour ce cas de figure nous avons repéré seulement les deux exemples ci-dessous, qui confirment l'interprétation causale fréquente en position frontale :

---

63 Communication personnelle de M. Riegel rapportée par Halmøy (2006 : 207) et Halmøy (2008 : 59).

1. Addiction au pétrole *aidant*, ils ont renforcé le pacte faustien les liant aux États qui en sont la matrice idéologique, qui l'ont propagé, financé, armé… [*Nous payons les inconséquences de la politique française au Moyen-Orient*, « Le Monde », 17/11/2015]
2. Depuis quelques semaines, la colère *aidant*, elle [Sylvie Goulard, députée européenne, à propos de l'hypothèse d'un Brexit] dénonce le « débat interdit » dans les couloirs du Parlement de Strasbourg et à Bruxelles. [*L'Europe sans les Anglais*, « Le Point », 5/5/2016]

Les exemples suivants montrent bien comment la construction absolue (dorénavant CA) peut comporter une coloration causale en ouverture (ex. 3, qui en l'occurrence réactive une expression figée, « La fin justifie les moyens »), alors qu'en position finale (ex. 4) elle peut servir à véhiculer une explication plus étoffée, ayant « une forte informativité », et peut apporter « une précision, une élaboration de la prédication centrale » (Havu/Pierrard (2013 : 59) :

3. La fin *justifiant* les moyens, aucune entrave n'est tolérée. [*Terrorisme : cette droite qui veut s'asseoir sur l'État de droit*, « Libération », 20/7/2016]
4. Le premier ministre David Cameron […] a laissé à son successeur le soin d'activer l'article 50. Cadeau empoisonné, soulignent les commentateurs : le nouveau chef du gouvernement devra en effet endosser la lourde responsabilité d'engager son pays dans une voie incertaine, à la fois dangereuse pour l'économie et pour l'intégrité du territoire, l'Écosse et l'Irlande du Nord, toutes deux proeuropéennes, *menaçant* de choisir des chemins différents. [*Royaume-Uni : le « Brexit » peut-il ne pas se produire ?*, « Le Monde », 27/06/2016]

D'autres exemples, puisés dans des passages narratifs, affichent en revanche une valeur purement circonstancielle (5) et temporelle (6) pour la CA antéposée :

5. Et puis il y a Jeanne et Jacques, la petite trentaine, arrivés par le métro, repartant à pied. Jeanne *tenant* fermement la main de Jacques, ils se sont présentés à la mauvaise porte, puis ont confondu l'accès de la morgue avec celui du jardin contigu, et enfin sont entrés. [*La quête insoutenable des familles*, « L'Obs », 16/11/2015]

6. Sa famille *s'installant* à Chartres, il [Mostefaï] se donne corps et âme à une autre tutelle sectaire, celle des prêcheurs radicaux qui désormais le téléguident. [*Vie et mort d'une bande d'assassins*, « Le Point », 26/11/2015]

L'effet explicatif souvent associé à la position finale peut être renforcé par la ponctuation, comme dans l'exemple ci-dessous, où la construction participiale absolue est coordonnée à la principale par les deux points :

7. Longtemps, ils [les candidats au djihad] ont pu franchir sans encombre la frontière entre la Turquie et la Syrie, dont les 800 kilomètres courent du Tigre à l'Euphrate, avec ses contrebandiers, qui factureraient de 15 à 30 euros la traversée selon les sources, et ses trafics : armes et munitions *transitant* dans un sens, le pétrole dans l'autre. [*Les nouvelles filières djihadistes*, « L'Obs », 16/11/2015]

L'ex. 8, formulé à la diathèse passive, montre que la position finale n'exclut pas pour autant une nuance causale, qui selon Kindt (2000 : 263) serait loin d'être rare pour cet emplacement et se trouverait souvent superposée à d'autres ; dans l'ex. 9, à l'intérieur d'une parenthèse où s'introduit aussi un participe présent épithète liée (*permettant*), semble prévaloir la volonté d'expliquer le sens du mot « civilisé » :

8. La mise sur pied d'une brigade entièrement féminine a permis la fouille des femmes aux checkpoints ou dans la rue – impossible avant, les hommes *n'étant pas autorisés* à y procéder. [*Djihadistes en bandes organisées*, « L'Express », 25/11/2015]
9. C'est ainsi que le fusil d'assaut utilisé par Amedy Coulibaly dans l'Hyper Cacher en janvier 2015 s'est avéré être un [sic] kalachnikov fabriqué en Slovaquie, puis « civilisé » (les mécanismes permettant de tirer en rafale *ayant été* neutralisés), vendu très légalement dans l'Union européenne, et finalement retransformé en arme de guerre et utilisé comme telle. [*Va-t-on perdre cette guerre ?*, « Marianne », 25–31/3/2016]

Notre corpus comprend également deux cas de participe présent en CA en position enchâssée, dans des configurations phrastiques très élaborées ; dans l'ex. 10 elle est emboîtée après une phrase relative dépendante du sujet de la proposition principale (« Son frère Brahim »), lequel est séparé de son verbe par un ultérieur enchâssement (« réclamation [...] en banque ») ; dans l'ex. 11 la CA est intercalée entre le verbe de la subordonnée relative référé au sujet de la principale (« devait révéler ») et la subordonnée complétive (« il allait... ») :

10. Son frère Brahim, avec lequel il se disputa violemment peu avant les attentats, celui-ci *réclamant* qu'on lui vire son dû avant d'accepter de « faire le coup », réclamation qui laisse songeur tant on peine à comprendre comment un candidat à l'attentat-suicide puisse vouloir alimenter son compte en banque, s'est fait sauter au café Voltaire. [*Vie et mort d'une bande d'assassins*, « Le Point », 26/11/2015]
11. Un peu plus tard dans la matinée, c'est le ministre du Budget qui devait révéler que, la fraude fiscale *coûtant* 5,8 milliards d'euros aux caisses de l'état, il allait s'y attaquer avec vigueur. [*Bruxelles, la terreur et les larmes*, « Le Point », 24/3/2016]

La CA est considérée « incidente à la prédication première tout entière » (Halmøy 2008 : 46), c'est-à-dire que son support n'est pas simplement un syntagme nominal, mais la phrase principale dont elle dépend, voire, d'un point de vue pragma-sémantique, toute la situation à laquelle elle renvoie. Pour le dire dans les mots de Kindt (2000 : 263), « la valeur de base de CA est donc la justification d'un acte locutoire », ce qu'illustrent efficacement les exemples suivants. Dans le 12, la CA termine un paragraphe portant sur le bilan à tirer des résultats des élections régionales et met en exergue la défaite du candidat du PS, qui a obtenu le score minimum ; dans le 13 la CA isole à la fin le résultat corse, qui marque un comportement bien distinct du reste des régions françaises. Dans les deux cas le lien syntaxique entre la principale et la CA s'affaiblit jusqu'à indiquer un simple ajout proche de la coordination, avec la différence que celle-ci produirait un effet inverse à la mise en relief et risquerait de banaliser l'information placée en dernière position :

12. En Alsace-Champagne-Ardenne-Lorraine, Philippe Richert (LR) devance lui aussi de plus de 10 points son concurrent FN Florian Philippot (47,7 % contre 36,8), Jean-Pierre Masseret *recueillant*

15,5 %. [*Régionales : la droite devance la gauche, le FN en échec*, « Le Figaro », 14/12/2015]

13. La droite remporte sept des treize régions métropolitaines et la gauche cinq, les nationalistes *s'imposant* en Corse. *[Élections régionales : ce qu'il faut retenir après le deuxième tour,* « Le Monde », 13/12/2015]

Selon quelques linguistes (Kindt 2000 ; Havu/Pierrard 2007), la CA ne se distingue pas du participe présent épithète détachée si ce n'est pour le fait d'avoir un sujet propre qui diffère de celui de la principale et précède toujours le participe présent[64] ; le sujet de cette construction participiale se caractérise souvent par l'appartenance à « une sous-classe de la classe dénotée par un constituant de la proposition principale » (Kindt 2000 : 263), ce qui justifie l'effet d'explicitation ou d'exemplification évoqué.

Dans les exemples recueillis dans notre corpus ce rapport d'inclusion est d'abord confié à des pronoms indéfinis (ex. 14 : *les économistes – certains*), ou à une relation lexicale hyponymique (ex. 15 : *terrorisme – Daech*), ou ailleurs à une reprise généralisante (ex. 16 : *dépôt d'engins – ce type d'actions*) qui met les deux éléments sur le même plan. Dans l'ex. 17 la première CA (« La loi de 1905 *interdisant…*»), comportant une coloration causale, est liée à la principale par une dérivation lexicale (*financement – financés*), alors que la seconde (« le moment le plus important *étant…* ») est confiée à un superlatif relatif renvoyant implicitement aux différents moments où est prévue une quête de fonds, et ajoute une information plus détaillée :

14. Les économistes s'attendent à un ralentissement de la croissance britannique dans les mois qui viennent en raison de ces incertitudes, certains *anticipant* même une brève récession. [*Grande-Bretagne : le nouveau ministre des Finances renonce à un budget Brexit d'urgence*, « Le Figaro », 14/07/2016]
15. La mort de Ben Laden, il y aura cinq ans le 2 mai prochain, et l'affaiblissement d'al-Qaïda n'ont mis fin qu'à un cycle de terreur, marqué par les attentats de New York, Londres et Madrid. Depuis le

64 Havu/Pierrard (2007 : 276) réunissent ces deux types sous la même étiquette, le « participe présent adjoint, en construction absolue ou non ».

terrorisme a muté, Daech n'*étant* que son dernier avatar. [*Bruxelles, un jour dans la guerre*, « L'Opinion », 22/3/2016]

16. La vigie du renseignement français [...] s'attend à « une nouvelle forme d'attaque : une campagne terroriste caractérisée par le dépôt d'engins explosifs dans des lieux où est rassemblée une foule importante, ce type d'actions *étant multiplié* pour créer un climat de panique » [*Les nouvelles menaces terroristes*, « L'Express », 1–7/6/2016]
17. La loi de 1905 *interdisant* le financement public des cultes en France, les projets sont principalement financés par les fidèles via des quêtes, le moment le plus important *étant* la période du Ramadan, comme le souligne la sénatrice UDI Nathalie Goulet dans un autre rapport publié début juillet. [*Dix questions sur le financement des mosquées*, « Le Figaro », 29/07/2016]

Ailleurs le lien avec la principale est assuré explicitement par un pronom démonstratif (ex. 18 : « celle-ci »), qui sert à reprendre un sujet à propos duquel on veut ajouter une information supplémentaire. La reprise peut être garantie également par des mots appartenant au même champ sémantique : c'est le cas d'« adhésion » et de « campagne en faveur » dans l'ex. 19, où l'emploi de la CA, suivie des points de suspension, contribue aussi à un certain effet de surprise ; la même cohésion lexicale est à l'œuvre dans l'ex. 20 (par des éléments du lexique militaire : « troupe », « chef d'état majeur », « armée ») et dans le 21 (qui exploite le vocabulaire du travail : « travailleurs », « métiers et [...] artisans », « commerçants » et « PMI ») :

18. Sur le podium #Make_Me_Stats des personnalités qui ont le plus fait parler d'elles au cours du mois écoulé, Marine Le Pen devance Jean-Luc Mélenchon et Marion Maréchal-Le Pen, celle-ci *creusant* largement l'écart avec le suivant, Nicolas Sarkozy. [*Sur Facebook c'est déjà la campagne Élysée*, « L'Opinion », 23/3/2016]
19. Harold Wilson [...] exige une « renégociation » des termes de l'adhésion, notamment sur le montant de la contribution de la Grande-Bretagne au budget communautaire et sur la Politique agricole commune. Mieux, un référendum est convoqué sur la question (hé oui, celui du 23 juin n'était pas le premier) et, le 5 juin 1975, les Britanniques confirment l'adhésion de leur pays par 67,2 %

de oui, la campagne – enthousiaste – des conservateurs en faveur du « remain » *étant* notamment *menée* par une certaine Margaret Thatcher… [*Brexit : un divorce programmé depuis l'origine*, « Libération », 20/7/2016]

20. Au passage, le ministère de la Défense a bénéficié d'une rallonge budgétaire de 4,8 milliards, qui a permis de préserver 18500 postes. Une mesure très bien accueillie dans la troupe, le chef d'état-major de l'armée de terre, le général Bosser, *assurant* même les députés de sa « pleine satisfaction ». [*Sentinelle : la ligne Maginot de la sécurité intérieure*, « L'Opinion », 16/11/2015]
21. Le marché est juteux et le gouvernement peut à court terme y avoir un intérêt cynique : imaginez le nombre de personnes qui disparaîtront des chiffres du chômage si elles se retrouvent dans ces petits boulots précarisés ? Peu leur importe la régression sociale du statut de ces travailleurs, et la remise en cause des métiers et des artisans, commerçants et PMI *pouvant* être attaqués par les dérégulations de ces nouveaux prédateurs du capitalisme financiarisé. [*Loi El Khomri : l'Uberisation à l'américaine*, « Marianne », 22/2/2016]

Cette filiation sémantique entre la CA et la prédication principale peut parfois être moins aisée à détecter et c'est plutôt par inférence que l'on arrive à établir le lien logique qui permet l'interprétation du passage. Dans l'ex. 22 c'est l'appartenance à l'isotopie de la propagande électorale sur les réseaux sociaux qui tisse le lien logique entre les deux propositions, la seconde mettant l'accent sur le comportement différent de Twitter par rapport à Facebook (opposition renforcée par « lui », « plutôt »). On retrouve cette même interprétation oppositive dans l'ex. 23, alors que dans les deux suivants on peut affirmer que la CA apporte une information complémentaire au tableau, concernant d'un côté l'organisation du championnat d'Europe de football (ex. 24) et de l'autre la répartition professionnelle à l'intérieur de la communauté juive (ex. 25). L'ex. 26 montre une configuration comparable, où la CA précise les conditions qui ont rendu possible l' « opération militaire clandestine » évoquée plus haut :

22. En vue de 2017, c'est bien sûr sur Facebook que se jouera la « campagne sociale », Twitter *faisant* lui plutôt office d'outil de tribune.

[*Sur Facebook c'est déjà la campagne Élysée*, « L'Opinion », 23/3/2016]

23. Mais les négociations de paix [...] restent portées par les États-Unis, les Français *demeurant* à l'arrière-plan. [*La France, éternel second rôle au Proche-Orient*, « L'Obs », 2–8/6/2016]
24. En ce qui concerne les « fans zones », ce sont les collectivités locales qui devront en assurer la protection, l'organisateur *se contentant* de fournir le support technique. [*Football : inquiétudes pour la sécurité de l'Euro 2016*, « Le Point » 17/11/2015].
25. Au sein des catégories populaires, les employés sont « à leur poids » (17%, contre 17% également dans l'ensemble de la population), le déficit par rapport à la moyenne *se concentrant* sur les ouvriers : 7%, soit presque deux fois moins que dans la population générale (13%). [*Une communauté aux aguets*, « L'Express », 6/1/2016]
26. Les attentats du 13 Novembre à Paris [...] ont été montés comme une opération militaire clandestine avec des commandos infiltrés formés aux armes à l'étranger, un réseau logistique *fournissant* faux papiers et appartements « conspiratifs ». [*Le renseignement face aux* « zombies *du terrorisme* », « Le Point », 21/7/2016].

Parfois c'est simplement la valeur descriptive de base du participe présent qui prime dans cet emploi en CA, dans le but de « cibl[er] un détail dans une scène globale » (Muller 2007 : 31) :

27. Des pommes, des tasses et des assiettes qui volent. Au sens propre, ça jongle à tout-va et même en croquant un morceau de fruit au passage. Au sens figuré aussi, ça décolle sec et ça se crashe, les soucoupes *filant* comme des volantes arrêtées par un coup de batte de papier ou la main rageuse d'un basketteur à la sauvage. [*Les spectacles sont au coin de la rue à Paris*, « Le Monde », 29/07/2016]

Notre échantillon nous permet d'entériner la remarque de Kindt (2000 : 267) sur la grande fréquence du participe présent du verbe *être* en CA (dans notre corpus, 10 cas sur 68 occurrences, soit 14,7%), ainsi que l'avis d'Halmøy (2006 : 206) sur l'abondance de formes composées pour cette configuration (9 cas sur 68 occurrences, soit 13,2%). Le participe présent composé ajoute un aspect accompli au procès et insiste sur le rapport d'antériorité, pouvant ainsi simplement véhiculer une information sur l'achèvement temporel de l'action attribuée au sujet (ex. 28), ou exprimer une valeur causale et explicative, comme le montrent de nombreux cas, plus fréquents en postposition (ex. 29–32, ce dernier comprenant deux CA coordonnées, la première simple, la seconde composée) qu'en antéposition (ex. 33) :

28. Une centaine de jeunes Niçois sont en effet partis à ce jour nourrir les rangs de Daech, dont une vingtaine rien qu'en 2013. Parmi eux, Jordan, 22 ans et Alexandre, 17 ans – ce dernier *étant rentré* depuis en France –, originaires de la cité Bon voyage, dans le quartier de Saint-Roch dans l'Est de Nice. [*Nice : un camion fonce sur la foule, faisant plus de 80 morts*, « Marianne », 14/7/2016]
29. Quant à l'OAS, elle est responsable de la mort d'au moins 2500 personnes, ses actions terroristes *s'étant poursuivies* bien après l'indépendance de l'Algérie. [*Attentats en France : une longue histoire*, « L'Opinion », 16/11/2015].
30. Lundi 23 novembre en fin de journée, il [Salah Abdeslam] était toujours en fuite, les événements des jours précédents *ayant fait* de lui l'homme le plus recherché d'Europe, et le seul survivant, a priori, des commandos de Paris… [*Djihadistes en bandes organisées*, « L'Express », 25/11/2015]
31. On a souvent fait de Winston Churchill l'un des pères de la construction européenne, celui-ci *ayant souhaité*, en septembre 1946, à Zürich, puis en mai 1948, à La Haye, l'avènement des « États-Unis d'Europe » autour d'une France et d'une Allemagne enfin réconciliée. [*Brexit : un divorce programmé depuis l'origine,* « Libération », 20/7/2016]
32. La séparation qui se dessine devra être attentive aux moyens d'associer Londres aux ambitions militaires de l'Union européenne, condition nécessaire pour que cette dernière conserve une forme de crédibilité. Il s'agit d'un exercice délicat, « l'armée européenne » *comptant* parmi les épouvantails du débat anglais et Londres *s'étant exclu* du projet européen. [*Le Brexit ébranle les fondements de la sécurité européenne*, « L'Opinion », 29/06/2016].
33. Ce dimanche, deux configurations se sont opposées. La première, celle du front républicain décidée par le PS dans le Nord et en Paca qui a conduit à une victoire sans bavures du candidat LR. La

seconde où l'on a vu le FN affronter une triangulaire, dans le Grand Est, en Bourgogne et en Languedoc. Là aussi les têtes de listes FN ont été battues. Le même résultat *ayant été obtenu* avec deux stratégies différentes, Marine Le Pen se trouve privée de son argument victimaire favori quand elle met en cause un complot « UMPS » ou « LRPS ». [*FN, la défaite en trompe-l'œil*, « Marianne », 13/12/2015]

Les quelques exemples de participe présent en CA en phrase indépendante semblent revêtir une fonction nettement argumentative, puisqu'ils ajoutent un argument censé corroborer ce qui précède et qu'ils amplifient par leur autonomie syntaxique une vocation déjà latente pour la construction participiale en soi[65]. Dans l'ex. 34, à propos des attitudes à suivre face au terrorisme, une psychologue met en avant un risque ultérieur ; dans l'ex. 35, à propos des liens entre l'attentat perpétré par Mohamed Lahouaiej Bouhlel et Daech, la CA confirme l'information à peine évoquée ; dans l'ex. 36 la réflexion confiée au participe présent insiste sur un élément qui alimente la thèse de l'auteur – explicitée dans la chute de l'article[66] –, contraire à toute dérive démagogique :

34. Elle conseille de « ne rien changer à ses habitudes, d'autant que ce type d'événement, imprévisible, ne possède aucun schéma repérable ». Le risque *étant* que certaines personnes, pour s'épargner de trop grandes angoisses, adoptent une posture de déni, « comme ne plus du tout écouter les informations, où se dire que ça arrive aux autres ». [*Entre habitude et abattement, comment vivre avec la succession d'attentats*, « Le Monde », 28/07/2016].
35. Des liens qui, selon les informations du *Monde*, pourraient converger vers l'une des principales figures du djihad français, Omar Omsen, un recruteur niçois aujourd'hui en Syrie. L'étude de la téléphonie de Mohamed Lahouaiej Bouhlel *ayant* de fait *révélé* la présence « de noms intéressants », voire l'existence de « relations

65 Cf. Zanola (1998 : 264) : « dans la tradition des études de linguistique textuelle, la CP [construction participiale] a été signalée comme structure mettant au point un argument, en cohérence avec la structure logique et communicative du texte, alors que les autres arguments passent sur le fond ».

66 À travers une citation de Charles Péguy : « Le triomphe de la démagogie est passager mais les ruines qu'elle laisse sont éternelles ».

communes » entre Omsen et Lahouaiej Bouhlel. [*Daech revendique l'attentat de Nice*, « Marianne », 16/7/2016]

36. Un autre député LR, Alain Marsaud, en pleine « trumpisation » à la sauce Ménard, pour reprendre le mot de Valls, en est à défendre la création de milices d'autodéfense armées qui auraient vocation à patrouiller dans les rues : « [...] On ne peut pas laisser seulement les violents, les assassins porter des armes », a-t-il harangué ce mercredi sur i-Télé. Cet ex-magistrat et ancien de l'antiterrorisme *revendiquant* au passage porter lui-même une arme. [*Terrorisme : cette droite qui veut s'asseoir sur l'État de droit*, « Libération », 20/7/2016]

Le dernier exemple que nous avons retenu, le 37, tiré de l'attaque d'un article sur les enjeux des attentats terroristes du 13 novembre 2015 et sur les réactions françaises cherchant des excuses sociologiques pour justifier les responsables, appuie l'interprétation selon laquelle le participe présent en CA indépendante sert d'instrument renforçant l'argumentation ; car les positions évoquées apparaissent comme 'égrenées' par cet usage qui les isole, tout en les ramenant à l'illustration de la thèse de « la cohorte des théoriciens du marxo-islamisme », dont les deux intellectuels cités sont censés faire partie selon le journaliste :

37. On avait déjà vu arriver la cohorte des théoriciens du marxo-islamisme après les attentats de janvier. Edwy Plenel *s'attendrissant* sur l' « enfance misérable des frères Kouachi » et Emmanuel Todd *tentant* de faire des musulmans un nouveau lumpenprolétariat. [*Trois batailles franco-françaises*, « Le Point », 26/11/2015]

Cette configuration indépendante du participe présent en CA s'avère être un bon expédient pour insister sur la portée interphrastique du participe présent, « moyen privilégié de connexion d'énoncés » (Havu/ Pierrard 2005 : 61), et sur la nécessité d'adopter une perspective textuelle dans l'interprétation de cette forme.

2.6 Participe présent attribut direct du complément d'objet

Dans cette construction le participe présent est plus rare que le participe passé et relégué à un registre soutenu et souvent littéraire, bien que l'on puisse en retrouver des exemples également dans la langue de la presse[67]. Il apparaît toujours postposé à son support nominal et d'habitude est lié à un verbe de perception (visuelle, auditive ou mentale) dans la prédication première (du type *voir, apercevoir, entendre, aviser, imaginer...*) ; en vertu de sa « valeur statique d'arrêt sur image » (Halmøy 2003 : 33) il est fréquent dans les passages descriptifs, ce qui explique la présence de localisateurs parmi les éléments favorisant l'apparition de cette structure :

a. Il l'imaginait *berçant* le petit Adrien, *marchant* à travers les vignes et *contemplant* cette terre pour laquelle elle s'était battue... (Deforges, *Rue de la soie*, dans Halmøy 2008 : 49).
b. Je trouvai le pasteur *agonisant* dans une chambre à six lits (Dai, *Balzac et la petite tailleuse chinoise*, dans Halmøy 2008 : 49).
c. Puis on voit l'auteur en Espagne, en Italie, *discutant* avec ses traducteurs, *blaguant* avec ses amis vénitiens, et sur le plateau du Vercors, *marchant*, solitaire, dans la brume des altitudes, *parlant* métier, langue, style, structure romanesque, personnages (Pennac, *Chagrin d'école*, dans Halmøy 2008 : 49).

Au dire d'Halmøy (2003 : 33; 2008 : 50), c'est une configuration encore peu étudiée, qui attend des approfondissements quant au contexte et aux commutations possibles entre participe présent, infinitif, proposition relative et CA. À propos de la « concurrence du participe présent et de l'infinitif », les Le Bidois (1971 : 483) insistent sur l'effet « plus expressif » du premier, qui ne se contente pas de la simple énonciation d'une action, mais est en mesure de « frapper », d' « attacher » l'attention de l'interlocuteur. Herslund (2011 : 96) rejoint les conclusions de

67 Halmøy (2006: 212) en recense plusieurs occurrences dans des articles du « Monde », marqués par « une certaine recherche stylistique ». Au contraire, dans notre corpus ce quotidien n'offre aucun exemple de cette catégorie.

Kleiber (1988 : 102) quand il affirme que le participe présent dans cette construction serait exclu de l'expression de l'accompli :

> à la différence de la relative et de l'infinitif, le participe exprime le côté « statif » d'une activité, c'est-à-dire les caractéristiques de son déroulement plutôt que le déroulement en soi, d'où il s'ensuit que des verbes d'action (téliques) peuvent paraître bizarres dans cette construction.

À notre avis, dans le cas d'un objet substantival il est parfois pénible de différencier cet usage de la fonction d'épithète liée, étant donné la proximité du support nominal et la possibilité d'une commutation avec une subordonnée relative (ex. b. « Je trouvai le pasteur *qui agonisait* » ; ex. c. « on voit l'auteur en Espagne, en Italie, *qui discute* »). Dans le cas d'un exemple isolé par Halmøy (2006 : 212) comme appartenant à cette catégorie nous aurions plutôt tendance à le classer carrément comme épithète liée (ex. d. « Cantona qui *prend* [...] et *shoote* »), comme nous l'avons fait pour les cas similaires recueillis dans notre corpus (v. *infra* par. 2.3, es. 19), car on voit mal comment « Cantona » pourrait être considéré l'objet de « redouter », qui est déjà complété par « le pire » dans une phrase syntaxiquement autonome :

d. D'ici qu'il se mélange les pinceaux, on redoute le pire : Cantona *prenant* la balle au bond dans la conversation et *shootant* à bout portant sur Mona Lisa (« Le Monde »).

La prééminence de la valeur temporelle de concomitance, associée à la prise d'une instantanée au fort potentiel iconique, encourage à paraphraser le participe présent attribut direct du complément d'objet par un syntagme prépositionnel tel que « en train de + infinitif »[68], ou une subordonnée temporelle (« pendant/tandis que »), valable tant dans le cas d'un objet pronominal (ex. a : *l'*) – de loin le plus fréquent – que dans celui d'un objet substantival (ex. b : *le pasteur* ; ex. c : *l'auteur*)[69]. Si une telle hypothèse était recevable, il faudrait en déduire que les

68 Structure également recensée parmi celles introduisant l'attribut de l'objet avec les verbes de perception par Willems/Defrancq (2000 : 14).

69 Selon Wind (2007: 9–10), dans la langue parlée le participe présent attribut direct du complément d'objet serait plutôt remplacé par la paraphrase *en train de + infinitif*, un simple infinitif ou une courte proposition relative : ex. *Elle voyait tous ces gens mangeant/en train de manger/manger/qui mangeaient.*

verbes de la prédication seconde (au participe présent) entrant dans une telle configuration admettent d'être déclinés sous l'aspect progressif de par leur sémantisme. S'il est vrai que cette remarque vaut pour la plupart des exemples recueillis dans les études consultées et pour la totalité de ceux de notre corpus, le nombre limité de cas empêche à l'heure actuelle de généraliser cette conclusion[70].

Dans notre corpus, la majorité des quelques exemples recensés (au total 8 sur 651, soit 1,2%) s'aligne sur le cas de figure le plus répandu, celui qui prévoit le complément d'objet pronominal, et tous couvrent des situations se référant à une perception directe (l'expression de l'éventualité n'étant pourtant pas exclue de l'éventail des possibilités de cette construction)[71]. Nos exemples attestent également la priorité du verbe *voir* (ex. 2, 5, 6), recensé parmi les verbes de perception se prêtant davantage à cette construction (Willems/Defrancq 2000 : 10), à côté d'un synonyme comme *découvrir* (ex. 3), mais aussi de *montrer* (ex. 1, 4, où la perception est reflétée sur un support filmique ou photographique) et de *croiser*, dans le sens de « voir en rencontrant » (ex. 3). Le complément d'objet pronominal est repris par un participe attribut seul (ex. 1) ou accompagné d'autres formes aussi (un infinitif – *agiter* – dans l'ex. 2, un participe passé – *voilée* – dans la seconde occurrence de l'ex. 3) ; la phrase 4 montre l'agencement de trois catégories de participe présent (*montrant* : épithète liée, *tirant* : attribut direct de l'objet ; *portant* : participe présent grammaticalisé), alors que la 5 offre une forme lexicalisée, *allant et venant*[72]. Un seul exemple, le 6, contient un participe ayant un référent substantival (« des passants »), dont les

70 Halmøy (2008 : 49) rapporte en outre l'existence d'un participe présent attribut d'un objet indirect, typologie dont nous n'avons recensé aucun exemple dans notre corpus : « Il pensait à Hai cherchant Phuong et la retrouvant morte » (Deforges, *Rue de la Soie*). Si le premier participe (*cherchant*) se prête très bien à une interprétation progressive (*en train de chercher*), le second se pose comme un moment successif saisi globalement et ne permet pas d'entériner notre hypothèse quant à l'aspect des verbes concernés.

71 Cf. Willems/Defrancq (2000 : 12), qui citent un exemple du « Monde » : « On voit mal François Mitterand *célébrant* l'an prochain avec la reine d'Angleterre le 180e anniversaire de la bataille de Waterloo ».

72 Le *TLFI* répertorie cette expression parmi les adjectifs, modifiables en genre et en nombre, avec le sens de : « Qui va et qui vient, qui est naturellement en mouvement » ; dans notre ex. 5 elle reste invariable.

actions sont évoquées en multipliant les ressources verbales concurrentes (infinitif, participes passés, participe présent : *courir, affolés* et *suivis, remontant*) :

1. [à propos des « deux tueurs » évoqués immédiatement auparavant, Kermiche et Petitjean] Une vidéo d'une minute trente secondes diffusée mercredi par Amaq, l'agence de propagande de l'organisation terroriste, les montre *prêtant* allégeance en se tenant la main. [*Kermiche et Petitjean : des tueurs unis dans la même frustration*, « Le Figaro », 28/07/2016]
2. C'est, d'abord, une tentative de révolution réactionnaire qui a secoué le pays lors du premier tour des régionales, le 6 décembre. On la vit agiter les cortèges de la Manif pour tous, *célébrant* un modèle familial qu'on croyait à jamais ringardisé. [*Régionales 2015 : le grand perdant, c'est Sarkozy*, « L'Express », 14/12/2015]
3. [à propos de Hasna, cousine de l'un des terroristes du 13 novembre] Voilà peu, ses amies l'ont croisée *serrant* dans son poing une bouteille ; l'une d'elles l'apostropha, étonnée de la découvrir voilée et *se saoulant*. [*Vie et mort d'une bande d'assassins*, « Le Point », 26/11/2015]
4. [à propos de Younès, frère cadet de l'un des terroristes du 13 novembre] La photo le montrant *tirant* à bout portant sur un otage agenouillé fait le tour du monde [*Vie et mort d'une bande d'assassins*, « Le Point », 26/11/2015]
5. Profitant des failles des services de sécurité belges, Ibrahim et Khalid El Bakraoui ont par exemple brouillé les pistes pendant plus d'un an. « On les a vus toute cette année, *allant et venant*, dans leur vieille Clio bleu marine, avec un pare-chocs rouge, les mêmes qu'avant dans leurs jeans-baskets, fumeurs et buveurs de bières », confie un voisin des deux kamikazes de Bruxelles. [*L'armée souterraine de Daech*, « L'Obs », 31/3/2016]
6. Au 57, rue de la Fontaine-au-Roi, Sandos Habachi est la gérante de Bi Pizza, un restaurant halal, non loin de la Casa Nostra et du café la Bonne Bière. Quand elle entend les détonations, elle croit à « un règlement de comptes ». À travers la porte vitrée, elle voit des passants courir, affolés, *remontant* la rue, suivis d'une dizaine de policiers. [*Le bruit des chargeurs qui se vident et qu'ils réarment sans fin*, « L'Obs », 16/11/2015]

2.7 Participe présent attribut indirect de l'objet ou du sujet (précédé de *comme*)

Pour ne pas être une invention récente[73], la construction *comme –ant* a été détectée assez tard et a retenu encore marginalement l'attention des linguistes, mis à part Veland/Whittaker (2004)[74].

La présence de la structure *comme -ant* exerçant une fonction attributive, indéniable dans la langue écrite, semble être favorisée par le sémantisme du verbe de la prédication principale (notamment des verbes attributifs d'opinion et de perception comme *reconnaître, considérer, percevoir*, *penser*, *envisager*, *découvrir*, *voir*, *entendre*, *regarder, etc.*, mais aussi *(ap)paraître*, *être* et des verbes pronominaux).

Dans notre corpus nous avons relevé 45 occurrences de cette construction, soit 6,9% des 651 participes présents totaux ; elles se partagent entre la fonction d'attribut indirect de l'objet et celle d'attribut indirect du sujet.

2.7.1 Participe présent attribut indirect de l'objet ou du complément indirect

Le participe présent introduit par *comme* peut figurer comme attribut de l'objet direct (ex. a), ou, plus rarement, comme attribut d'un complément indirect (ex. b) :

a. Je peux certainement penser mon propre amour *comme* n'*atteignant* pas l'être que j'aime. (Veland/Whittaker 2004 : 324)

73 Grevisse/Goosse (2016 : 1250) en citent un exemple tiré de la *Recherche* de Proust : « L'Ambassadeur avait été habitué […] à considérer les dîners en ville *comme faisant* partie de ses fonctions ».

74 Cf. Veland/Whittaker (2004 : 322 ; 331) : « à notre connaissance, il n'existe à ce jour aucun travail consacré à cette construction particulière » ; elle « a été, jusqu'ici, tout juste effleurée dans la littérature scientifique ». Ils signalent qu'elle n'est pas mentionnée dans l'édition du *Bon usage* de 1986, ni, ajoutons-nous, dans celle de 1993. Depuis cet article, cet usage a été repris par d'autres chercheurs comme un exemple d'attribut indirect, sans toutefois avoir été approfondi (Pierrard/Havu 2006 : 149 ; Muller 2007 : 29, Escoubas-Benveniste 2013 : 23).

b. Quelqu'un m'a parlé de vous *comme ayant* une excellente écriture. (Veland/Whittaker 2004 : 325)[75]

Dans notre corpus nous n'avons relevé que des cas du premier type, dont toutefois la fréquence reste bien en deçà de celle de la fonction d'attribut indirect du sujet (*infra*, 2.7.2), ne rejoignant que 12 occurrences *vs* 33. Parmi nos exemples (où les verbes régissants confirment la récurrence de certains lexèmes)[76] figurent des cas où le complément d'objet direct est endossé par un substantif (ex. 1 « son auteur », « l'OEA »), par un pronom personnel (ex. 2–3 « le »), ou encore par un pronom relatif (ex. 4–6), ce qui appuierait l'hypothèse selon laquelle la relativisation joue en faveur de l'apparition de la construction *comme –ant*, dans le but d'éviter le recours à une subordonnée imbriquée (Veland/Whittaker 2004 : 327) :

1. Delcy Rodriguez a qualifié le rapport de 132 pages sur le Venezuela présenté pas Luis Almagro d' « horreur idéologique, juridique et politique » et dénoncé son auteur *comme voulant* « imposer une idéologie fasciste de négation des gouvernements » [...]. Elle a dénoncé l'OEA *comme étant* « un instrument impérialiste utilisé pour atteindre un objectif : s'approprier de nouveau les immenses ressources naturelles dont dispose le Venezuela ». [*Venezuela : l'opposition marque des points contre le pouvoir chaviste*, « Le Figaro », 28/06/2016]
2. Est-il permis de le [le voile] considérer *comme pouvant* être un signe politique, renvoyant à l'islam politique ? [*Se mettre du côté de celles qui n'ont pas le choix*, « Libération », 5/04/2016]
3. Les enquêteurs avaient déjà identifié ces deux hommes, qui avaient menti sur leurs noms : le premier, Muhammad Usman, est un Pakistanais de 22 ans. Un renseignement étranger le présente *comme ayant été* « artificier » auprès de deux groupes djihadistes pakistanais réputés proches d'al-Qaida. [*Deux djihadistes avouent*

75 Tous les exemples de Veland/Whittaker (2004) sont tirés de textes du XXe siècle contenus dans la base Frantext.

76 Pour ne citer que nos ex. 1–6, *dénoncer, considérer, présenter, désigner, décrire, définir* rentrent parmi les verbes les plus fréquents dans la construction *comme –ant* attribut de l'objet (Veland/Whittaker 2004 : 324).

qu'ils ont été missionnés pour frapper la France, « Le Figaro », 25/04/2016]

4. « En ce qui concerne le véhicule qu'il a désigné *comme ayant servi* à son enlèvement, le suspect a reconnu avoir relevé au hasard » dans la rue une plaque d'immatriculation, a précisé le parquet. [*Alerte à Bruxelles: l'homme à la fausse ceinture d'explosifs avait tout inventé*, « L'Obs », 21/6/2016]
5. Ainsi verra-t-on se mettre en place, peu à peu, le programme présidentiel pour une campagne que Marine Le Pen, mardi, a décrite *comme devant* être « utile pour la France, une belle campagne, exemplaire, qui tire le débat vers le haut, digne et riche en idées de fond, qui ne fasse pas offense à l'intelligence des Français ». [*En 2017, Marine Le Pen veut une campagne « utile pour la France*, « L'Opinion », 29/8/2016]
6. C'est l'idée que le politique contrôle le religieux, comme le Roi voulait avoir autorité sur l'Église de France et les évêques. Dans ce cadre, l'État protège la religion, ou plutôt ce qu'il définit *comme étant* la bonne religion. [*Pour Jean Baubérot, deux traditions laïques s'affrontent : l'une gallicane, l'autre libérale*, « L'Opinion », 1/3/2016]

2.7.2 Participe présent attribut indirect du sujet

S'il est impossible d'avoir un participe présent attribut direct du sujet (cf. *infra*, par. 2.4.1.1), il est en revanche fréquent de rencontrer cette forme reliée indirectement au sujet au moyen de *comme*. Dans la prédication principale figurent souvent des verbes comme *apparaître*, *paraître*, *s'avérer*, des formes à la diathèse passive (où priment des verbes de perception et d'opinion) et des verbes pronominaux ; on constate une préférence pour le participe *étant*, de loin le plus répandu et sémantiquement le plus redondant, parfois proche d'un pur artifice stylistique (Veland/Whittaker 2004 : 323–324)[77] :

77 *Étant* figure dans 45% des occurrences recensées par Veland/Whittaker 2004, toutes fonctions confondues, ce qui est confirmé par notre corpus, où il atteint 21 occurrences sur 45 (parmi les verbes les plus fréquents, *pouvant* vient en deuxième position, avec 7 occurrences, et *ayant* en troisième, avec 4 cas). On a pu

c. Mais les Anglais tiennent essentiellement à paraître *comme ayant* tout *ignoré* du projet.
d. En 1398, dans une ordonnance du prévôt de Paris, le meilleur hareng est reconnu *comme venant* de Scanie (Scandinavie), alors que celui de Flandres paraît peu prisé.
e. Quant aux archimistes, leur conception s'avère *comme étant* d'ordre plus concret et plus substantiel.

À cette catégorie nous pouvons ramener la majorité des exemples relevés dans notre corpus (33 sur 45), où prime le groupe des cas (au nombre de 25) dépendants de verbes à la diathèse passive (syntaxiquement complète, comme dans les ex. 7–13, ou confiée au seul participe passé, ex. 14–15), laquelle d'ailleurs se trouve être l'un des principaux facteurs syntaxiques conditionnant l'emploi de *comme –ant* en tant qu'attribut (Veland/Whittaker 2004 : 326–327)[78] :

7. Il est dommage que cette question ne soit même pas envisagée *comme pouvant* être une piste pour lutter contre les trafics mafieux de stupéfiants et ramener le calme dans certaines cités gangrenées par ce trafic et les règlements de compte qu'il entraîne. [*Marseille : en finir avec la prohibition du cannabis et l'état de guerre dans les cités*, « Libération », 5/11/2015].
8. Sur ces personnes, certaines sont connues et ont été condamnées pour faits de terrorisme, depuis les attentats de 1995 notamment, d'autres sont considérées *comme pouvant* se radicaliser ou *comme* l'*étant* déjà. [*Plus de 10.000 personnes objets de «fiches S» de renseignement*, « Le Point », 16/11/2015]
9. Le général Piquemal a été désigné *comme ayant eu* « le rôle principal » dans cette manifestation interdite [*Calais : un général à la retraite jugé en comparution immédiate*, « Le Figaro », 07/02/2016]

---

s'interroger sur l'éventuelle influence de la locution anglaise *as being*, et donc sur l'existence d'un anglicisme syntaxique, à tort estimé plus fréquent dans le français québécois que dans l'hexagonal : il s'agirait en réalité d'un phénomène indépendant de l'anglais (cf. *Banque de dépannage linguistique*, Office québécois de la langue française, <http://bdl.oqlf.gouv.qc.ca/bdl/gabarit_bdl.asp?T1=comme+%C3%A9tant&T3.x=6&T3.y=22&id=3774>, consulté le 16/4/2018).

78 Environ 30% du corpus analysé par ces auteurs (plus de 700 occurrences) dépend d'un verbe au passif.

10. A contrario, l'ancien footballeur Bixente Lizarazu ou l'actrice Valeria Bruni-Tedeschi sont considérés par le fisc *comme ayant eu* un rôle passif, c'est-à-dire *n'ayant pas cherché* à frauder, par exemple suite à l'héritage de fonds disposés sur un compte en Suisse. [*Comment UBS a organisé l'évasion fiscale en France*, « L'Opinion », 17/2/2016]
11. Enfin, longtemps les scores du FN ont été considérés *comme ayant atteint* un « plafond de verre », un maximum indépassable. [*FN, la défaite en trompe-l'œil*, « Marianne », 13/12/2015]
12. Il [le gouvernement] serait vu *comme cédant* aux pressions de syndicalistes minoritaires, comme incapable de réussir une réforme, et surtout une réforme à laquelle il tient particulièrement. [*Retirer la loi, ou presque*, « L'Express », 1/6/2016]
13. Depuis 1971, « plus de 900 agents ont été évalués, parmi lesquels plus de 400 ont été classés *comme étant* cancérogènes ou potentiellement cancérogènes pour l'homme » [*Il n'existe aucune preuve pour affirmer que le café favoriserait le cancer*, « Le Monde », 15/06/2016]
14. Or les enquêteurs belges découvrent le 15 janvier des photos d'identité d'Abaaoud et de six inconnus, rapidement identifiés *comme étant* originaires de … Trappes (Yvelines). [*Ces chefs à la tête des tueurs*, « L'Express », 1–7/06/2016]
15. D'autant que, dans les trois sociétés non retenues pour la deuxième phase de l'appel d'offres, se trouve Mega, considérée *comme ayant* un penchant à droite. [*Grèce : les écrans remis à plat*, « Libération », 7/8/2016].

Il est à remarquer que la structure *comme –ant* peut aussi entrer dans une série, ce que montrent l'ex. 10, où la première occurrence est relayée par une seconde, toujours à la forme composée, mais négative (*n'ayant pas cherché*), et l'ex. 12, où la construction participiale est corrélée à *comme* + adjectif (« comme incapable »).

Un deuxième groupe d'exemples recensés dans notre corpus (5 au total) emploie des verbes pronominaux, dont les ex. 16–18. Il est à noter que le premier (ex. 16) présente la structure en question dans un discours rapporté, ce qui plaide en faveur d'une extension de cet emploi au-delà de la seule langue écrite (bien qu'il s'agisse d'un registre parlé soigné, vu les circonstances), alors que le dernier (ex. 18) contient une expression désormais figée, « comme allant de soi », où le participe présent fait figure d'adjectif signifiant « évident », « donné pour acquis ») :

16. Mais l'avocat de la policière municipale, Me Adrien Verrier, persiste : « Ce qui est sûr, c'est que cette personne s'est présentée *comme travaillant* au cabinet du ministre. » [*Polémique sur la sécurité à Nice : ce que l'on sait*, « Le Monde », 25/07/2016].
17. Certains de nos adolescents ne se considèrent pas *comme étant* français. Ils sont d'abord et avant tout musulmans. [*Un big-bang politique s'impose de toute urgence : lettre à François Hollande*, « Marianne », 27/7/2016]
18. Qu'il s'agisse de Giscard d'Estaing en 1981, de Mitterrand en 1988, de Chirac en 2002, ou de Sarkozy en 2012… Tous, à un an de l'échéance, avaient su imposer comme « naturel » le fait de vouloir signer un nouveau bail élyséen. Leur autorité, au sens arendtien du terme, s'était parfaitement imposée *comme allant* de soi. [*Du vide et du trop-plein*, « Marianne », 27/5/2016–2/6/2016]

Un troisième groupe, moins nombreux (ne comptant que 3 occurrences), comprend des verbes comme *apparaître* ou *figurer*, dont l'ex. 19, inclus dans un passage qui affiche aussi un participe présent en CA dans la phrase d'ouverture :

19. Quant au restaurant, il est resté injoignable – sa ligne étant soit occupée soit sur répondeur. Sur Google, il apparaît même *comme étant* fermé définitivement. [*Un restaurateur refuse de servir deux femmes voilées*, « Libération », 28/8/2016]

2.7.3 Interprétation(s) sémantique(s) de comme -ant

Quelle que soit sa configuration (attribut indirect de l'objet ou du sujet), l'interprétation sémantique de la construction *comme –ant* est loin d'être définie clairement. Dans l'étude de Willems/Defrancq (2000 : 15), consacrée surtout au cas de *comme* + syntagme nominal, elle est englobée parmi les structures véhiculant l'attribut de l'objet indirect et soumise à la même lecture proposée pour toutes, à savoir l'expression d'une opinion, parfois mise en doute ou en contraste avec ce qu'il paraît. Cette explication ne nous semble pas satisfaisante, compte tenu du fait que c'est le sémantisme des verbes régissants qui implique la formulation d'un avis.

Parmi les quelques fonctions isolées par Veland/Whittaker (2004 : 330), l'expression d'une hypothèse paraît fonctionner pour la plupart des cas, qui admettent une commutation par une subordonnée « comme si + imparfait de l'indicatif », introduisant non la comparaison mais le concept de conformité. Cela vaut pour l'ex. 1 (« a dénoncé son auteur comme s'il voulait »), l'ex. 2 (« le considérer comme s'il pouvait être »), 5 (« a décrite comme si elle devait être »), l'ex. 7 (« envisagée comme si elle pouvait être »), l'ex. 8 (« considérées comme si elles pouvaient »), l'ex. 12 (« serait vu comme s'il cédait »), l'ex. 15 (« considérée comme si elle avait »), l'ex. 16 (« comme si elle travaillait », dans le sens de « en tant qu'employée », « en disant qu'elle était employée »), et l'ex. 18 (« comme si elle allait de soi », ou plus simplement « comme naturelle, évidente, etc. »).

Ce principe de commutation par une reformulation hypothétique reste valable également pour toutes les phrases contenant « comme *étant* » (ex. 1, 6, 8, 13, 14, 17, 19 : « comme si elle était/ si c'était / si elles étaient / s'ils étaient / s'il était »), qui peuvent être réduites à des expressions plus synthétiques : si « comme *étant* » peut se limiter simplement à « comme » dans les ex. 1, 13 et 14 (où le participe présent s'accompagne respectivement d'un substantif, « instrument », et deux adjectifs, « cancérogènes » et « originaires »), dans 6, 17 et 19 on pourrait supprimer toute la structure sans détriment pour la compréhension du passage, ce qui montre toute la redondance de cette construction[79]. La notion de conformité sous-jacente à celle-ci peut d'ailleurs se dire amplifiée dans le cas de *comme étant*, qui permet, dans certains contextes, la reformulation par « en tant que » (ex. 1 : « dénoncé l'OEA en tant qu'instrument impérialiste », 6 : « il définit en tant que bonne religion », 13 : « ont été classés en tant que cancérogènes », 14 : « identifiés en tant qu'originaires », 17 : « ne se considèrent pas en tant que français »).

79 Veland/Whittaker (2004 : 327) remarquent qu' « *étant* assure tout simplement le raccordement de l'attribut à un élément nominal de la phrase alors que les autres participes ont une charge informative beaucoup plus forte ».

Les exemples au participe présent composé (en faible pourcentage, étant seulement 7 sur 45) semblent en revanche insister sur une lecture factuelle d'un fait accompli, qu'ils soient introduits par un verbe attributif de nomination ou désignation (ex. 3, 4, 9), ou par un verbe d'opinion (10, 11). Dans la plupart des cas, à côté de la reformulation hypothétique, une commutation du type « comme celui qui a/ceux qui ont + participe passé » s'avère possible (ex. 3 « comme s'il avait été »/« comme celui qui a été », etc.), quoique parfois maladroite.

3. Fonctions et emplois du gérondif

Dans sa célèbre monographie Halmøy débute son entrée en matière en signalant que le gérondif « n'a suscité que peu d'intérêt chez les grammairiens et linguistes » (2003 : 3), bien qu'il connaisse une fortune croissante tant à l'écrit qu'à l'oral en français moderne, quels que soient les types de textes et les niveaux de langue[80]. Récemment il est devenu l'objet d'études importantes (cf. Arnavielle 2010a : 6), qui révèlent tout l'intérêt de cette « forme de complément circonstanciel » qui constitue « une originalité du français », n'ayant pas d'homologue exact sur le plan morphologique ni fonctionnel dans d'autres langues (Halmøy 2003 : 3).

Pour l'exposition des fonctions et des usages du gérondif, nous adoptons encore une fois la catégorisation avancée par Halmøy (2003 : 2008), qui envisage la majorité des cas de figure possibles dans la construction gérondivale, en les classant selon une typologie qui s'appuie à la fois sur des critères syntaxiques, sémantiques et textuels. Le choix des paramètres suivis par cette linguiste a l'avantage de mettre en relief les similarités et les divergences dans le fonctionnement du participe présent et du gérondif (les deux pouvant connaître des emplois figés, figurer en construction liée ou détachée, entrer en concurrence dans certains cas). La catégorisation syntaxique (*infra*, par. 3.2) sert à analyser des aspects formels préalables à la prise en compte de l'aspect sémantique, qui fournira la typologie la plus viable pour le classement des occurrences de notre corpus (correspondant à un total de 302)[81]. Nous avons opté pour ce choix pour des raisons de clarté de l'exposition, tout en étant consciente du fait que les spécialistes du gérondif soulignent à quel point il est souvent impossible de distinguer sans ambiguïté une interprétation de l'autre, deux ou plusieurs effets de sens se retrouvant cumulés et confondus dans de nombreux exemples, ce

80 Les données empiriques recueillies par Floquet *et al.* (éds.) (2012) tendent toutefois à relativiser la vivacité du gérondif dans le discours oral spontané.

81 Les 302 gérondifs sont ainsi distribués : 37 dans « Le Monde », 30 dans « Le Figaro », 33 dans « Libération », 28 dans « L'Opinion », 33 dans « L'Express », 46 dans « L'Obs », 48 dans « Marianne », 47 dans « Le Point ».

qui rend quelquefois insatisfaisante toute tentative de paraphrase ou de catégorisation univoque. Car la perméabilité au contexte fait du gérondif « une sorte de "caméléon" circonstanciel qui change de couleur selon l'environnement dans lequel il se fond » (Kleiber 2011 : 117), si bien que, dans l'appréhension du gérondif « on ne peut pas faire abstraction du contenu sémantique des expressions linguistiques » l'entourant, à savoir « temps grammaticaux, marqueurs référentiels, connecteurs de différentes sortes, etc. » (Kleiber 2009b : 22).

3.1 Gérondif grammaticalisé

Tout comme le participe présent, le gérondif aussi connaît des cas de grammaticalisation, en emploi adverbial (ex. *en attendant*, *en passant*), prépositionnel (ex. *en partant de*, *en passant par*) ou conjonctionnel (ex. *en admettant que*, *en supposant que*), qui ne pourraient pas commuter avec l'autre forme en *–ant*. Par rapport à la distribution des formes figées parmi les participes présents recensés dans notre échantillon (cf. *infra*, par. 2.1), le pourcentage pour le gérondif est légèrement plus important (16 occurrences sur un total de 302, soit à peu près 5,2 %). Il comprend deux catégories seulement : le figement adverbial, avec 4 cas, dont 3 coïncidant avec *en attendant* (comme dans l'ex. 1, correspondant à la chute de l'article) et 1 (ex. 2) employant la locution *ce faisant* (survivance d'un ancien usage du gérondif sans *en*, cf. Grevisse/Goosse 2016 : 1252), et le figement prépositionnel, avec 12 occurrences de l'expression *en passant par*. Cette dernière s'avère très sollicitée pour les énumérations de trois éléments (elle est précédée de prépositions en corrélation du genre *de… à* ; *de… jusqu'à*), que ce soit pour indiquer une extension géographique (ex. 3) ou pour remplir une fonction exemplificative (ex. 4).

1. Un compromis franco-allemand nécessiterait d'une part, que Berlin accepte un peu plus de solidarité et de mutualisation et d'autre part, que Paris donne des garanties sérieuses sur sa volonté de mener à bien les réformes et de diminuer ses dépenses publiques. Deux

évolutions qui apparaissent aussi improbables l'une que l'autre avant les élections prévues en 2017, en France puis en Allemagne. *En attendant*, c'est l'euro qui risque de souffrir. [*L'euro, victime du Brexit*, « L'Opinion », 28/6/2016]

2. On avait déjà vu arriver la cohorte des théoriciens du marxo-islamisme après les attentats de janvier. Edwy Plenel s'attendrissant sur l' « enfance misérable des frères Kouachi » et Emmanuel Todd tentant de faire des musulmans un nouveau lumpenprolétariat. *Ce faisant*, Todd fournissait à la fois une demi-excuse aux assassins et enfermait les musulmans dans un déterminisme de classe condescendant [*Trois batailles franco-françaises*, « Le Point », 26/11/2015].
3. Al-Qaeda [...] rappelle périodiquement son intention de frapper la France. Plus particulièrement par le biais d'Aqmi [...] et des groupes djihadistes affiliés, qui sévissent désormais du nord de l'Algérie jusqu'aux rives du golfe de Guinée, *en passant par* les immensités sahélo-sahariennes. [*Les nouvelles menaces terroristes*, « L'Express », 1–7/6/2016]
4. Pendant deux jours, Manuel Valls y a rencontré les grands patrons, de Google à Unilever, *en passant* par Novartis. [*Valls atteint par le «syndrome de Davos»*, « Marianne », 27/5/2016–2/6/2016]

3.2 Typologies syntaxiques

Halmøy propose des typologies qui rendent compte du positionnement du gérondif et de son rôle dans l'enchaînement du texte. C'est une perspective transversale que nous emprunterons pour détailler ultérieurement les catégories sémantiques dans lesquelles nous caserons les exemples recueillis dans notre corpus.

3.2.1 Gérondif lié

Il est toujours postposé au support verbal de la prédication première qu'il intègre de manière endophrastique, sans pauses rythmiques ; d'un point de vue textuel, il apporte généralement une information nouvelle :

a. Je me lève *en prenant* soin de traîner mes pieds. (Barbery, *L'élégance du hérisson*, dans Halmøy 2008 : 55)

3.2.2 Gérondif détaché

Sa position variable peut dégager des rôles sémantiques et discursifs différents et le détachement est signalé par la ponctuation (une virgule). Son potentiel rhématique semble dépendre de son positionnement, l'antéposition étant propice à suggérer un rôle thématique, puisque la reprise d'un élément contextuel ou cotextuel est faiblement informative et n'offre qu'un support (ex. a, a'), alors que la postposition donne un apport et transmet une information nouvelle (ex. b, b'). La position intercalée est également possible (ex. c, c', c"), quoique extrêmement rare, comme en témoigne notre corpus (qui ne contient que 7 cas de ce type).

a. *En passant* devant le château [...], j'ai eu l'impression de me trouver dans une ville de province. (Modiano, *La Petite Bijou*, dans Halmøy 2008 : 57 ; le passage antérieur fait référence à la station de métro Château-de-Vincennes)
a'. *En sortant* du cinéma, Émile a rencontré Léa. (Halmøy 2003 : 83)[82]
b. Nous étions maintenant immobiles, serrés les uns contre les autres [...], *en attendant* que le portillon s'ouvre. (Modiano, *La Petite Bijou*, dans Halmøy 2008 : 56)
b'. Émile a rencontré Léa (,) *en sortant* du cinéma.
c. Émile, *en sortant* du cinéma, a rencontré Léa.
c'. Émile a, *en sortant* du cinéma, rencontré Léa.
c". Émile a rencontré, *en sortant* du cinéma, Léa.

82 Exemple sans indication de source, tout comme les ex. b'-c" (Halmøy 2008 : 83–84), probablement conçus pour la démonstration.

3.2.3 Gérondif dans une proposition en incise

Dans cette construction le gérondif, lié ou détaché, est toujours en position finale, postposé au verbe *dicendi* qui introduit une citation et à son sujet inversé ; sa valeur informationnelle dépendra du co(n)texte (par ex. reprise thématique en a., apport rhématique en b.):

a. Nous sirotons en silence une tasse de thé vert. [...] – Le petit Pallières m'a dit bonjour dans l'escalier, dit-elle soudain *en rompant* le silence. (Barbery, *L'élégance du hérisson*, dans Halmøy 2008: 58)
b. Ooooh, madame Michel, me dit Chabrot, *en* me *regardant* avec le même air que Neptune quand il est en laisse... (Barbery, *L'élégance du hérisson*, dans Halmøy 2008: 58)

Aucun exemple n'apparaît dans notre corpus, ce qui n'est pas pour surprendre compte tenu de la nature des textes (le type dialogal, qui se prête aisément à l'apparition d'une telle configuration, étant sûrement plus représenté en littérature que dans la presse).

3.3 Typologies sémantiques

S'il y a consensus autour de la valeur circonstancielle de la construction gérondive entendue dans son ensemble (c'est-à-dire « la relation qui s'instaure entre le gérondif et le verbe régissant »), Halmøy (2003 : 87–88) nous rappelle que « le gérondif en soi [...] est non marqué quant aux effets de sens » et que c'est grâce au sémantisme des deux verbes rapprochés et au contexte linguistique ou pragmatique que peut prendre forme l'interprétation.

Dans son étude les gérondifs sont distingués d'abord sur la base du type de relation qu'ils entretiennent avec le verbe régissant, « interprédicative » ou « intraprédicative » ; à l'intérieur de ses deux macrocatégories sont définies cinq grandes rubriques « qui rendent compte de l'écrasante majorité des possibilités » (Halmøy 2003 : 91) : les gérondifs repères temporels ; les gérondifs de la configuration A (relation de cause, condition, moyen), ceux de la configuration A' (relation d'inclusion ou équivalence) ; les gérondifs de la configuration B (relation de concomitance), et ceux de la configuration B' (relation d'hyponymie/manière).

Par rapport à ce schéma, nous prévoyons une sous-catégorie additionnelle pour la configuration B, nommée de « fausse concomitance » ou de « contiguïté temporelle » (cf. *infra*, par. 3.3.3), qui comprend un usage en principe impensé pour le gérondif, mais de nos jours de plus en plus constaté.

3.3.1 Gérondifs ayant une relation interprédicative

Ces gérondifs partagent le paramètre d'une relation « orientée », à savoir le fait que « le procès dénoté par le gérondif précèd[e] (chrono) logiquement le procès dénoté par le verbe régissant » (Halmøy 2003 : 107), ce qui fait que le gérondif ne peut jamais exprimer des valeurs circonstancielles telles que la conséquence, le résultat ou le but, contrairement au participe présent[83]. Le syntagme gérondif peut être antéposé ou postposé, thématique ou rhématique (sans pour autant que la position ne déclenche obligatoirement une valeur ou l'autre). Tout en proposant une classification sur la base de l'interprétation dominante, Halmøy souligne que souvent ces gérondifs se distribuent sur un continuum qui empêche de bâtir des barrières étanches entre eux, ce que l'analyse de notre corpus confirme amplement.

3.3.1.1 Gérondif repère temporel

C'est le cas étudié par Gettrup (1977) et illustré par l'exemple devenu classique dans les analyses sur la valeur temporelle du gérondif, qui se trouve activée dans la phrase *Je chante en me rasant*, opposée à l'exemple simplement circonstanciel, indiquant la concomitance, *Je me rase en chantant* (cf. *infra*, par. 1.3.2). Selon ce linguiste, « la possibilité pour une forme en *–ant* de constituer un repère temporel est inversement

83 Kleiber (2009b : 18) affirme que le gérondif « est récalcitrant à toute postériorité, qu'elle soit temporelle ou logique ». Nous reviendrons plus loin sur cette question (*infra*, par. 3.3.3).

proportionnelle au degré de nouveauté de l'action verbale » (Gettrup 1977 : 218), ce qui signifie que l'interprétation temporelle est favorisée par la présence d'un syntagme au contenu connu ou prévisible et, ajoute-t-il, par l'antéposition.

Pour souligner la fonction d'ancrage et en même temps le rôle textuel de ce gérondif permettant une localisation temporelle, Rihs (2010 : 211) lui attribue une valeur d' « arrière-plan », reprenant l'efficace définition de Weinrich à propos des formes en *–ant* (cf. *infra*, par. 1.2.3).

En présentant cet usage, Halmøy (2003 : 92–93) remarque que le gérondif repère temporel constitue le cas de figure où « la syntaxe est le plus libre » et où est souvent bafouée la règle de coréférence du sujet du gérondif et du verbe régissant (ex. c.) :

a. *En franchissant* le portique du départ, elle aura sans doute oublié les vilains coups de ciseaux de la coiffeuse du village olympique. (« Le Monde »)
b. Mais la peur viscérale, atroce, je l'ai connue *en quittant* la prison de Vologda. (« L'Express »)
c. Ce soir, *en rentrant* au village, un télégramme m'attendait, qui m'annonçait l'hospitalisation urgente de ma mère et réclamait mon retour immédiat. (Dai, ouvrage non précisé)

Dans notre corpus les gérondifs temporels représentent environ 8,9%, avec 27 occurrences sur un total de 302. L'écrasante majorité (18 sur 27) se retrouve effectivement en antéposition (dont les ex. 1–15), alors que la postposition se limite à 8 cas (dont les ex. 16–21) et la position intercalée à 1 seul (ex. 22). Tous les exemples antéposés privilégient la structure détachée (sauf l'ex. 7), alors que les postposés (à l'exception de l'ex. 17) et l'intercalé sont liés.

3.3.1.1.1 Gérondif temporel antéposé

Reprenant les travaux de Gettrup, Halmøy (2008 : 57) précise que le syntagme gérondival antéposé fonctionne comme repère temporel et qu'il a une valeur d'anaphore dite « associative » dans la célèbre acception de Kleiber (2001), à savoir de renvoi reposant sur des implications lexicales ou des connaissances partagées.

Notre corpus nous permet de confirmer l'existence de ce genre d'ancrage dans le contexte antérieur et de constater l'importance du sémantisme du verbe dans la détermination de la valeur temporelle (*en attendant* est attesté dans 4 cas, dont on rapporte les seuls ex. 1 et 2, ce dernier montrant la liberté dont parle Halmøy à propos de la coréférence du sujet), ainsi que celle des indications de temps disponibles dans le cotexte immédiat (ex. 3–5) :

1. *En attendant* l'arrivée du souverain pontife, mercredi, ils [des milliers de jeunes] ont profité de leur séjour en visitant la ville, en discutant et en débattant avec les autres participants et en assistant à des concerts. [*Les Journées mondiales de la jeunesse débutent sous haute surveillance à Cracovie*, « Le Monde », 26/07/2016]
2. *En attendant* ce texte [la réforme constitutionnelle], qui sera présenté à la fin de l'année, c'est une nouvelle semaine chargée qui s'annonce, marquée par la reprise de la campagne des régionales et un hommage national aux victimes, vendredi prochain, aux Invalides. [*Les jours qui ont fait basculer le quinquennat*, « Le Figaro », 20/11/2015]
3. Au bout de la nuit *en se glissant* enfin dans son lit, le souvenir joyeux du match de football disparu depuis déjà longtemps, l'enfant a lancé un dernier regard avant de s'abandonner au sommeil. [*Nous serons toujours debout !*, « Marianne », 16–25/11/2015]
4. Comme tout le monde, *en s'endormant* la veille au soir, il [François Hollande] pensait que la Grande-Bretagne resterait l'un des 27 partenaires de la France. [*L'audace ou la décadence*, « Le Point », 30/6/2016]
5. En 2009 (seuls Merkel et Juncker étaient là) *en signant* le traité de Lisbonne, les 28 avaient imaginé l'article 50. [*L'audace ou la décadence*, « Le Point », 30/6/2016].

Comme le suggère Halmøy (2003 : 95) et le montrent les ex. 6–10, le sens temporel peut se doubler d'une valeur explicative :

6. Un chirurgien sortant de sa nuit d'opérations raconte : « *En regardant* les patients rassemblés dans la salle de réveil qui sert aussi de pièce d'accueil, j'ai réalisé à quel point les victimes étaient jeunes,

autour de la trentaine, la quarantaine maximum ». [*La quête insoutenable des familles*, « L'Obs », 16/11/2015]

7. Gilles Kepel a fait très justement remarquer qu'*en passant* de l'horreur ciblée à l'horreur aveugle les terroristes avaient mis les citoyens, toutes origines confondues, dans le même sac. [*La mort et la vie*, « Marianne », 16–25/11/2015]
8. Abaaoud, comme ses compagnons tueurs, a le sens de la famille. Une faiblesse qui lui coûtera la vie car, *en acceptant* que sa cousine, Hasna Aït Boulahcen, 26 ans, les rejoigne, il a failli. [*Vie et mort d'une bande d'assassins*, « Le Point », 26/11/2015]
9. *En fouillant* dans sa messagerie [de Sid Ahmed Ghlam], les policiers trouveront des correspondances électroniques avec un certain Abou Omar, le nom de guerre d'Abaaoud. [*Vie et mort d'une bande d'assassins*, « Le Point », 26/11/2015]
10. *En jouant* la carte de la lepénisation dans la course aux régionales, Nicolas Sarkozy a fait une double faute : il a affaibli Les Républicains et affaibli sa propre candidature à la primaire de son parti. [*Régionales 2015 : le grand perdant, c'est Sarkozy*, « L'Express », 14/12/2015]

Les exemples suivants (11–15) focalisent assez nettement le moment pouvant être considéré comme un repère temporel et se prêtent tous aisément à une commutation par une subordonnée introduite par « quand ». Il est également à noter que dans les ex. 14 et 15 se chevauche l'acception de gérondif d'équivalence (cf. *infra*, par. 3.3.1.3.2), puisqu'on peut affirmer d'un côté que « frapper la capitale belge » correspond à « attaquer un symbole » (ex. 14), et de l'autre que « confier » l'objectif du Bataclan à un extrémiste revient à lui « offrir l'occasion » de passer de la doctrine à l'acte (ex. 15) :

11. « Je ne m'étais pas rendu compte de sa détermination, poursuit sa mère, mais *en discutant* avec lui ces derniers temps des différentes formes de lutte, il m'a expliqué avec beaucoup de conviction que le changement ne viendrait qu'en renversant la table, en reprenant tout de zéro ». [*En finir avec la légalité bourgeoise*, « Marianne », 27/5–2/6/2016]

12. *En raccrochant*, François Hollande songe à Donald Tusk, le président du Conseil européen. [*L'audace ou la décadence*, « Le Point », 30/6/2016]
13. *En invitant* « tous les Français patriotes qui le souhaitent » à rejoindre la réserve militaire opérationnelle, Bernard Cazeneuve s'est bien gardé de reprendre l'expression de « garde nationale », formulée le 13 novembre par le président de la République, ambition abandonnée depuis par l'exécutif. [*Face au défi djihadiste : 8 mesures à prendre d'urgence*, « Marianne », 21–28/7/2016]
14. *En frappant* la capitale belge, les terroristes se sont attaqués à un symbole. Celui du cœur de l'Europe, dont ils ont fait leur sanctuaire. [*Attentats de Bruxelles : la terreur et les larmes*, « Le Point », 24/3/2016]
15. Dans la constitution de son commando de tueurs fous, Abaaoud retient également Mostefaï, un Français de 29 ans qu'il a entendu, en Belgique, prêcher le carnage chez les impies occidentaux. *En* lui *confiant* l'équipe du Bataclan, il lui offre l'occasion d'incarner ses sermons. [*Vie et mort d'une bande d'assassins*, « Le Point », 26/11/2015]

3.3.1.1.2 Gérondif temporel postposé

Les cas en postposition peuvent isoler la circonstance temporelle de manière nette (ex. 16–17), où la nuancer d'une coloration causale (ex. 18–20), voire également d'une idée d'équivalence (ex. 21 : l'expression abstraite « briser un tabou » correspond dans les faits à la proposition choquante d'attribuer un état aux Palestiniens) :

16. Monter la garde dans les rues de Paris, ce n'est pas ce que les jeunes venaient chercher *en s'engageant* [*Opération Sentinelle : la ligne Maginot de la sécurité intérieure*, « L'Opinion », 16/11/2015]
17. « L'exécutif s'est enfermé dans une idéologie que le patronat met à profit : déréglementons, allégeons les charges, simplifions, la machine repartira », argumentait-il [Philippe Martinez] dans *Marianne*, *en débattant* alors avec Laurent Berger, de la CFDT. [*Pourquoi la CGT de Philippe Martinez s'enflamme*, « Marianne », 27/5/2016–7/6/2016]

18. « Il [Abaaoud] m'a dit de choisir une cible facile comme un groupe de personnes, un concert par exemple, là où il y a du monde. Il m'a précisé que le mieux après l'action était d'attendre les forces d'intervention sur place et de mourir *en combattant* avec des otages », raconte Reda Hame, incarcéré depuis l'été dernier. [*L'armée souterraine de Daech*, « L'Obs », 31/03/2016]
19. Amis d'enfance, Abdelhamid Abaaoud et Salah Abdeslam ont par exemple été condamnés pour avoir cambriolé avec des potes un garage lors d'une soirée alcoolisée en 2010. [...] L'un d'entre eux se cassera la jambe *en tombant* du toit, déclenchant du même coup l'alarme du bâtiment. [*L'armée souterraine de Daech*, « L'Obs », 31/03/2016]
20. L'incident n'est pas isolé pour l'homme arrêté. Il s'était déjà distingué dans le passé *en déclarant* à la police « avoir été incité à partir rejoindre l'État islamique (EI) en Syrie ». [*Alerte à Bruxelles : l'homme à la fausse ceinture d'explosifs avait tout inventé*, « L'Obs », 21/06/2016]
21. Avec l'élection de François Mitterand en 1981, c'est un ami fidèle d'Israël qui accède à l'Élysée. [...] Un ami, mais exigeant : Mitterand va jusqu'à briser un tabou *en soulignant*, devant les députés à la Knesset, le droit des Palestiniens à un état. [*La France, éternel second rôle au Proche-Orient*, « L'Obs », 2–8/06/2016]

Il est à noter également que dans l'ex. 19 l'action est relancée par un participe présent épithète détachée, *déclenchant*, qui exprime la conséquence, effet de sens généralement considéré (quasi) impossible pour la tournure gérondive, caractérisée par les deux traits, respectivement aspectuel et temporel, de l'« imperfectivité » et de la « simultanéité » (Kleiber 2009b : 15)[84].

3.3.1.1.3 Gérondif temporel intercalé

Dans notre corpus le seul exemple de gérondif en position intercalée dans une phrase complexe s'en tient à une valeur strictement temporelle :

84 Ce linguiste ajoute que cette description traditionnelle explique bien pourquoi « il n'y a pas de gérondif 'de conséquence'». Cf. *infra*, par. 3.3.3.

22. Nous sommes donc en guerre. […] Mais on sent bien *en prononçant* ces mots forts qu'ils n'épuisent pas le débat et les doutes. [*Arnaud Danjean : « La vague d'émotion ne doit pas nous conduire au naufrage stratégique* », « L'Opinion », 16/11/2015]

3.3.1.2 Gérondifs A (cause, condition, moyen)

Ces gérondifs entretiennent avec le verbe régissant une relation de dépendance allant de la cause à la condition et au moyen, parfois en gardant une coloration temporelle aussi. Car, comme le souligne Halmøy (2003 : 94), « il y a *continuum* entre les repères temporels et les configurations A », ces dernières se caractérisant par le fait d'exprimer toujours une « antériorité logique ». L'étude de notre corpus confirme qu'il est souvent malaisé de trancher de manière nette entre les diverses interprétations possibles.

3.3.1.2.1 Gérondif de cause

Au dire d'Halmøy (2003 : 95), « l'effet de sens causal est indissociable de celui de repère temporel » :

a. Papa a tué ma sœur aînée, d'un coup de fusil, *en la prenant* pour un cambrioleur… (« Le Nouvel Observateur »)

Kleiber (2009b : 10 ; 20) affirme que la relation de cause consiste souvent en une « explication » et insiste encore une fois sur l'importance du rôle des « propriétés intrinsèques » des verbes impliqués et du contexte linguistique pour déterminer la circonstance précise. À la recherche d'un terrain où participe présent et gérondif se différencieraient le plus clairement, Rihs (2009 : 210) se concentre justement sur l'expression de la cause et formule l'hypothèse selon laquelle le premier « se spécialise dans l'expression d'une causalité entre procès contigus », alors qu'au second revient « l'expression d'une causalité entre procès simultanés ».

Dans notre corpus on recense 30 exemples de gérondifs qui peuvent être inscrits dans l'expression de la cause, soit 9,9% du montant total. Leur distribution est assez équilibrée entre antéposition (14 cas) et postposition (15 cas), avec un seul exemple en position intercalée (ex. 22 ci-dessous). Alors que les gérondifs causaux antéposés sont tous détachés, les postposés sont en majorité liés (11), mais peuvent être aussi détachés (4).

3.3.1.2.1.1 Gérondifs de cause antéposé

Dans la construction gérondive l'antéposition du gérondif correspond à un « ordre iconique » (Halmøy 2003 : 94) qui emprunte la succession logique des événements (cause > effet), comme dans les exemples suivants :

1. François Hollande a réussi son coup politique : *en reprenant* bon nombre des propositions de la droite et *en annonçant* une réforme constitutionnelle, il laisse l'opposition dans l'embarras. [*Les jours qui ont fait basculer le quinquennat*, « Le Figaro », 20/11/2015].
2. *En pointant* du doigt la responsabilité de la Belgique dans la préparation des attentats de Paris, le gouvernement français a braqué la classe politique belge. [*Terrorisme : face aux accusations de Paris, la Belgique se rebiffe*, « Libération », 19/11/2015]
3. Mais *en ajoutant* à la dernière minute un article élargissant la définition du licenciement pour motif économique, la ministre du Travail a réussi à hérisser le poil de tous les syndicats, CFDT comprise, qui était pourtant « partante pour une réforme donnant plus de place à la négociation collective ». [*Les syndicats montent au créneau contre le projet de loi El Khomri*, «Libération », 18/2/2016]
4. *En cassant* le mythe de l'irréversibilité de la construction européenne, le vote britannique implique aussi que l'euro est réversible. [*L'euro, victime du Brexit ?*, « L'Opinion », 28/6/2017]

L'ex. 5 illustre la possibilité de non coréférence du sujet entre le verbe régissant (qui se trouve à la diathèse passive – « a été donné » – pour mettre en relief le résultat) et le syntagme gérondif (qui anticipe lexicalement le verbe de la principale, mais reste totalement indéfini quant à son propre agent, que rien dans le cotexte antérieur ne clarifie davantage) :

5. *En donnant* à David Cameroun cet « opt out », ce droit officiel de pouvoir choisir « son » Europe, le signal a été donné aux 28 états membres que les caprices finissent par payer. [*L'Europe sans les Anglais*, « Le Point », 5/5/2016]

L'ex. 6 figure dans un passage intéressant, où il est précédé d'une phrase formellement symétrique (forme en *–ant* + prédication principale) ouverte par un participe présent en fonction d'épithète détachée (*contredisant*), le seul, comme nous l'avons vu (cf. *infra*, par. 2.4), qui puisse alterner avec un gérondif, sous certaines conditions. Si l'antépositon peut favoriser l'émergence d'un sens causal, en réalité ici c'est plutôt l'indication d'un procès contigu, d'une réflexion accessoire qui ressort, facilement paraphrasable par une coordonnée (« il contredit [...] et il ne parvient pas... »), alors que dans la phrase suivante le gérondif paraît mieux intégrer la prédication principale sur le mode explicatif (« puisqu'il a triplé ses gains depuis 2010, les résultats de l'élection sont considérables »). Cela semble confirmer les analyses de linguistes comme Herslund et Kindt (cf. *infra*, par. 2.4) et en même temps corrobore l'explication de Rihs évoquée plus haut, qui lie causalité et contiguïté pour le participe présent et causalité et simultanéité pour le gérondif. En particulier Kleiber (2009b : 19) prend le cas du gérondif de cause pour appuyer sa thèse sur le gérondif comme mode équivalent à « un *avec* du verbe », réalisant une opération sur le mode « intégratif » et non simplement « jonctif » (cf. *infra*, par. 1.3.2) :

6. Le FN a perdu ce soir. Contredisant en apparence son score du premier tour, il ne parvient pas à gagner la moindre région. Mais *en triplant* ses gains depuis 2010, ce qu'il vient de réaliser dans cette élection est considérable. [*FN, la défaite en trompe-l'œil*, « Marianne », 13/12/2015]

Les ex. 7–9 montrent clairement une coloration temporelle, confirmant les remarques d'Halmøy citées ci-dessus sur la fréquente superposition de ces deux valeurs :

7. Dès vendredi matin, *en entendant* Alain Juppé, qu'ils considèrent comme l'un des rares hommes d'État à droite, accuser l'État d'avoir manqué à ses devoirs, le couple exécutif a compris que la droite, engagée dans une spirale primaire, ne reculerait devant rien. [*Terrorisme : cette droite qui veut s'asseoir sur l'État de droit*, « Libération », 20/7/2016]

8. *En décidant* majoritairement de quitter l'Union européenne, les électeurs britanniques ont porté, par ricochet, un coup sévère à l'euro. [*L'euro, victime du Brexit ?*, « L'Opinion », 28/6/2017]
9. *En censurant* l'un des articles de la loi Travail comme étant un cavalier législatif, le Conseil constitutionnel a peut-être réintroduit une épine dans le pied des entreprises que députés et sénateurs – d'accord sur ce point – avaient voulu retirer... [*Complémentaire santé : le Conseil constitutionnel complique la vie des PME*, « L'Opinion », 16/8/2016].

Considéré hors contexte, le dernier exemple de cette série (ex. 10) pourrait exprimer une valeur soit causale (« Puisque nous projetons... ») soit hypothétique (« Si nous projetons... »)[85]. La lecture de tout l'article montre bien que la recherche sur les signaux d'inconfort chez les bébés a révélé l'existence de « stéréotypes » réels, qui affectent bel et bien la vision des adultes, et de ce fait l'interprétation effective est confirmée comme la plus plausible :

10. *En projetant* sur les enfants des stéréotypes issus du monde des adultes, il est possible que nous passions parfois à côté du besoin réel des bébés. [*Vous pensez savoir si un bébé qui crie est une fille ou garçon ? En fait, c'est impossible*, « L'Obs », 29/04/2016]

3.3.1.2.1.2 Gérondif de cause postposé

Le gérondif postposé lié introduit une cause présentée comme inhérente à la signification de la proposition tout entière, tantôt ressentie comme absolument indispensable à son achèvement sémantique (ex. 11–13), tantôt figurant comme un complément sémantique moins vital (ex. 14–16) ; comme en témoignent les ex. 13 et 14, la valeur temporelle peut se joindre à la causale en postposition aussi :

11. Cette pasionaria du djihad, stakhanoviste du recrutement via Internet, alarme les services de renseignement *en incitant* ses contacts à fomenter des attaques contre des institutions françaises ou des femmes de soldats français déployés au Sahel. [*Des niqabs dans le djihad*, « L'Express », 25/11/2015]

85 Cf. *infra*, par. 3.3.1.2.2 Gérondif de condition.

12. Après le massacre de la Promenade des Anglais, [...] ce fut d'abord un festival de billevesées. Député Les Républicains des Yvelines, Henri Guaino a gagné le grand prix *en s'étonnant* que la Prom' ne soit pas équipée d'un lance-roquette qui aurait, selon les experts, multiplié le nombre de victimes. [*Pascal Lamy : « Réformer, c'est dîner avec le diable »*, « Le Point », 2/7/2016]
13. Mme May a fait sensation *en confiant* le ministère des Affaires étrangères au meneur des pro-Brexit, le controversé Boris Johnson, et *en créant* un ministère entièrement dédié à la sortie du pays de l'UE. [*Grande-Bretagne : le nouveau ministre des Finances renonce à un budget Brexit d'urgence*, « Le Figaro », 14/07/2016]
14. Selon le bilan disponible dimanche après-midi, le Tunisien Mohammed Lahouaiej Bouhel a fait 84 morts et des dizaines de blessés *en fonçant* au volant d'un camion et *en tirant* dans la foule, au soir du 14 juillet à Nice. [*Attentats de Nice : pourquoi les services de renseignement sont démunis face à l' «* économie collaborative du terrorisme », « L'Opinion », 17/7/2016]
15. La flamme [...] a été amenée jusqu'à la vasque par l'ancien marathonien Vanderlei Cordeiro, médaillé de bronze à Athènes en 2004, après que le « roi » Pelé y a renoncé *en invoquant* des raisons de santé. [*Les Jeux olympiques de Rio sont officiellement ouverts*, « Le Monde », 05/08/2016]
16. Dans la douleur, l'idée de nation et celle de République redorent leur blason, et ce qui semblait évident et pérenne hier – la liberté d'expression, la démocratie, les droits de l'homme... – recouvre de la valeur *en apparaissant* soudain fragile et menacé. [*Ce que les attentats ont changé en France*, « L'Express », 07/01/2016]

Le passage suivant (ex. 17) est bâti sur une syntaxe complexe où un participe présent épithète détachée (*flattant*) régit un gérondif (*en espérant*), le premier introduisant une faible explication et le second une véritable cause[86]. Car le participe présent réalise une sorte de contiguïté, sinon successivité (« et flattent ») par rapport à son support (« les dirigeants »)

86 Cet exemple n'est pas le seul dans notre corpus à démentir la validité générale de la remarque de Wind (2007 : 13) selon laquelle « le gérondif précède le participe présent dans les phrases où on trouve toutes les deux formes ».

alors que le gérondif suggère une effective assimilation du procès dans celui indiqué par le verbe régissant (« parce qu'ils espèrent ») :

17. Tout à leur combat contre le « laxisme », « l'incompétence », le « manque de détermination » de François Hollande dans la lutte contre le terrorisme, et plus largement « l'idéologie de permissivité » de la gauche, les dirigeants de l'opposition ne reculent devant aucune proposition, flattant les plus bas instincts de compatriotes sous le choc *en espérant* que ce virage par la droite extrême sera récompensé lors de la primaire de novembre. [*Terrorisme : cette droite qui veut s'asseoir sur l'État de droit*, « Libération », 20/7/2016]

Nos exemples de gérondifs postposés détachés (ex. 18–21) confirment les remarques d'Halmøy (2003 : 95), qui les interprète « comme une parenthèse, une explication donnée après coup » :

18. [Le salafisme] c'est une secte d'illuminés dont les adorateurs s'habillent comme au temps du Prophète, *en se limitant* à une lecture littérale du Coran. [*La nouvelle tentation totalitaire*, « Le Point », 26/11/2015]
19. LR, qui dispute au FN le titre de premier parti d'opposition, est parvenu à l'emporter face au parti d'extrême droite dans les régions Nord-Pas-de-Calais-Picardie et Provence-Alpes-Côte d'Azur (PACA), *en profitant* du retrait de la gauche au second tour, et en Alsace-Champagne-Ardenne-Lorraine. [*Élections régionales : le succès relatif des Républicains offre un peu de répit à M. Sarkozy*, « Le Monde », 14/12/2015]
20. Mais de vieux travers ne font qu'empirer depuis la mise en place d'une communauté du renseignement. [...] L'auteur [d'un rapport du ministère de l'intérieur] y voit un effet néfaste, « celui d'exacerber les concurrences déjà existantes, *en donnant* l'impression à des services d'être autorisés à déborder sur des thématiques qui ne sont pas de leur ressort ou à tisser des liens avec des services étrangers qui se joueront de nos propres rivalités ». [*La France mal renseignée,* « L'Express », 1–7/06/2016]

21. « Ces deux hommes, qui ne se connaissaient pas » physiquement, « seraient entrés en contact pour la toute première fois le 22 juillet, soit quatre jours avant leur passage à l'acte », précise Le Parisien, *en s'appuyant* sur l'enquête des policiers de la sous-direction antiterroriste. [*Après Saint-Étienne-du-Rouvray, les musulmans appelés à se rendre à la messe dans toute la France*, « Le Monde » 29/07/2016]

3.3.1.2.1.3 Gérondif de cause intercalé

Notre seul exemple de gérondif de cause intercalé se trouve, isolé entre deux virgules, entre le sujet et le verbe de la phrase principale :

22. Pourtant, le résultat du vote, *en bouleversant* l'équilibre des forces qui s'était installé ces dernières années en Europe, a déjà commencé à avoir un impact négatif dans l'Union à 27. [*L'euro, victime du Brexit ?*, « L'Opinion », 28/6/2017]

3.3.1.2.2 Gérondif de condition

Immanquablement prévu parmi les valeurs circonstancielles du gérondif, l'usage exprimant la condition ne semble pas pour autant avoir reçu la même attention que d'autres de la part des grammairiens et linguistes, probablement en raison de son interprétation sémantique moins problématique puisque l'antériorité (chrono)logique exprimée par la condition véhiculée au gérondif ne fait pas de doute. Kleiber (2007c : 120) affirme en effet qu' « avec la condition, l'antériorité temporelle se manifeste sans difficulté », comme dans la phrase suivante :

a. *En partant* aujourd'hui, tu arriveras demain matin.
(Kleiber 2007c : 114)

Arnavielle (2003b : 51) range ce cas désignant « un procès antérieur » sous l'étiquette (non ultérieurement motivée) de « gérondif situationnel », pouvant exprimer « une nuance hypothétique » :

b. *En partant* à 8 heures, tu peux arriver vers 10 heures.

Seul Rihs (2010 : 218), dans son maintien de la thèse d'un « recouvrement temporel » constant entre le gérondif et le verbe principal, semble ne pas reconnaître l'absence de simultanéité dans le cas du gérondif de condition et plaide pour une vision des deux procès comme « une unité conceptuelle », comme « deux phases d'un seul événement », ce qui est peut-être concevable pour son exemple modèle (c.), mais n'est pas confirmé par les exemples recueillis dans la littérature sur le sujet et dans notre corpus :

c. *En commençant* tes devoirs maintenant, tu finiras à temps.

Dans l'analyse de la « construction gérondive à coloration conditionnelle », parmi les facteurs susceptibles de déclencher cette lecture Halmøy (2003 : 96–97) relève, dans la phrase principale, la présence d'une indication de possibilité (le verbe *pouvoir* ou l'adjectif *possible*) ou d'hypothèse (un verbe régissant au mode conditionnel) ; le connecteur *même* accompagnant le gérondif peut lui aussi contribuer à déclencher l'interprétation hypothétique :

d. Bien sûr, *en cherchant* bien, on peut trouver un semblant d'explication à l'enquête de mœurs à laquelle se livre le premier président d'Aix. (« Le Nouvel Observateur »)
e. Même *en connaissant* les relations de parenté qui unissent l'Europe et l'Argentine, on ne peut s'empêcher d'être surpris en découvrant, au dos de son livre, la nationalité de Maïtena. (« Le Monde »)

Or dans les quelques occurrences présentes à l'intérieur de notre corpus (11 sur 302, soit à peine 3,6%) il n'y a qu'une trace, bien que double, de ces formes de modalisation dans le prédicat principal, « l'on aurait pu » (ex. 6 ci-dessous), où le verbe *pouvoir* conjugué au mode conditionnel régit une triple subordination, à savoir deux conditions exprimées au gérondif (*en surveillant, en s'inquiétant*) et coordonnées à une forme explicite finale introduite par « si » (« ou encore si l'un de ses proches... »). Les trois positions envisageables pour le syntagme gérondif sont représentées, avec 5 cas antéposés (ex. 1–4, dont 3 détachés et 2 liés), 5 postposés (détachés dans les ex. 5 et 6, liés et coordonnés dans l'ex. 8), et 1 intercalé (ex. 7) :

1. Le magazine s'en prend pour des raisons politiques à l'idéologue français Alain Soral, un proche de Dieudonné, qualifié de « complotiste » dans une note de bas de page : « Il est important que les

musulmans de France prennent conscience qu'*en suivant* Soral et consorts, ils exposent leur foi et leur Islam à un grand danger ». [*La propagande de Daech s'en prend à l'école française*, « Le Figaro », 02/12/2015]

2. *En se faufilant* dans la foule des manifestants vêtus de noir, on s'aperçoit qu'il s'agit, pour beaucoup, de jeunes, voire très jeunes gens, majoritairement blancs. [...] *En baissant* la tête, on remarque aussi que les Dr Martens coquées côtoient les dernières baskets à la mode ou les bonnes vieilles Adidas traditionnellement portées par les supporteurs de foot. [*En finir avec la légalité bourgeoise*, « Marianne », 27/5–2/6/2016]
3. Le Premier ministre a d'autant plus intérêt à démissionner au nom de la réforme garrottée qu'*en restant* dans cette posture semi-déterminée il laisse filer Emmanuel Macron sur le chemin de la gauche moderne. [*Chaos debout*, « L'Express », 1–7/6/2016]
4. Ce syllogisme n'est pas seulement cynique, il est extrêmement dangereux, laissant croire à des Français traumatisés qu'*en allant* plus avant dans la restriction de leurs libertés on empêchera d'autres attentats. [*Terrorisme : cette droite qui veut s'asseoir sur l'État de droit*, « Libération », 20/7/2016]
5. Puisqu'ils n'ont pas de conviction, faisons savoir aux élus qu'ils risquent leur place, *en cédant* sur l'essentiel de ce qui nous a permis d'être ce que nous sommes. [*Concordat entre l'islam et l'État : ce serait la trahison de trop pour la gauche*, « Le Figaro », 29/07/2016]
6. Mohamed Lahouaiej Bouhlel ne faisait pas partie des radicalisés connus et suivis. Ce n'est que localement que l'on aurait pu freiner sa course folle et solitaire, *en surveillant* mieux les abords de la Promenade des Anglais ce soir-là, *en s'inquiétant* de la présence d'un camion frigorifique dans le quartier où le tueur de masse l'avait garé, ou encore si l'un de ses proches avait dévoilé ses funestes ambitions. [*Face au défi djihadiste : 8 mesures à prendre d'urgence*, « Marianne », 21–28/7/2016]
7. Or Londres, *en quittant* l'UE, va être amené à voter des dispositions prévoyant la caducité des règles européennes dans tout le royaume, et donc en Écosse. [*Royaume-Uni : le « Brexit » peut-il ne pas se produire ?*, « Le Monde », 27/06/2016].

8. « Je ne m'étais pas rendu compte de sa détermination, poursuit sa mère, mais en discutant avec lui ces derniers temps des différentes formes de lutte, il m'a expliqué avec beaucoup de conviction que le changement ne viendrait qu'*en renversant* la table, *en reprenant* tout de zéro ». [*En finir avec la légalité bourgeoise*, « Marianne », 27/5–2/6/2016].

Tous ces gérondifs peuvent être paraphrasés par une subordonnée introduite par *si*, suivi soit du présent de l'indicatif quand le verbe régissant est également au présent de l'indicatif (ex. 1, 2, 3, 5) ou quand il est au futur (simple, ex. 4, ou proche, ex. 7), soit du plus-que-parfait quand le gérondif dépend d'un conditionnel passé (ex. 6 : « si on avait surveillé… »). La commutation par *si* + imparfait de l'indicatif est tout aussi possible, avec un verbe régissant conjugué au conditionnel présent, comme dans l'ex. 8, où un futur dans le passé (« viendrait ») régit deux gérondifs coordonnés (commutables avec « si on renversait la table, si on reprenait tout de zéro »). Ce dernier exemple manifeste aussi clairement une nuance de moyen, qui peut se dire latente dans d'autres cas de gérondif de condition (v. en particulier l'ex. 6 : « *en surveillant* mieux » > « par une meilleure surveillance » ; l'ex. 7 : « *en quittant* l'UE » > « par sa sortie de l'UE ») ; dans l'ex. 8 on peut toutefois estimer que le caractère général du sémantisme des verbes et le contexte font pencher pour une prédominance de la valeur hypothétique (il est question des revendications d'un jeune manifestant radical et de ses idées pour changer le monde : on y arrivera « si on renverse la table, si on reprend tout de zéro », c'est-à-dire qu'il faut « tout casser pour reconstruire, en somme », poursuit l'article).

L'ex. 4 est ultérieurement intéressant en ce qu'il montre une syntaxe emboîtée où un participe présent épithète détachée (*laissant*) introduit une subordonnée avec une claire fonction causale, qui à son tour régit une complétive où apparaît un gérondif de condition: le raisonnement douteux attribué à Éric Ciotti (qualifié de « syllogisme ») est considéré dangereux pour la liberté personnelle *parce qu'*il fait croire aux Français que *si* on continue avec des restrictions on évitera d'autres attentats. Par cette paraphrase on mesure bien à quel point la formulation par les modes en *–ant*, rendant le message plus dense et compact, apparaît incisive et percutante[87].

3.3.1.2.3 Gérondif de moyen

C'est l'un des emplois prototypiques du gérondif qui fait l'unanimité des grammairiens et se retrouve abondamment dans la presse :

a. Georges W. Bush espère éviter la récession *en baissant* les impôts. (« Le Monde », dans Halmøy 2003 : 97)
b. Le mot d'ordre : sensibiliser riverains et touristes à cette construction *en créant* une mini-mini plage contre le maxi-maxi bétonnage. (« Le Parisien », dans Halmøy 2003 : 98)[88]

Dans ces phrases modèle, le gérondif se laisse aisément paraphraser par une tournure substantivale introduite par des prépositions comme *avec* ou *par*, ou par des locutions prépositives telles que : à l'aide de, à force de, grâce à, au moyen de, moyennant, à travers, etc. (a. « à travers une baisse des impôts » ; b. « *grâce à la création* d'une mini-mini plage »).

Notre corpus confirme l'abondance d'attestations de ce type de gérondif dans le texte journalistique, avec 67 exemples sur 302, soit 22,1% du total, et enregistre une nette prédominance de la postposition (57 cas sur 67) ; l'antéposition rejoint 7 occurrences et la position intercalée seulement 3. La plupart des exemples, quelle que soit leur position, sont liés à la prédication principale, sans pauses.

3.3.1.2.3.1 Gérondif de moyen postposé

Notre échantillon de presse regorge d'exemples qui pourraient tranquillement commuter avec les locutions que nous avons indiquées plus haut (ex. 1 « *grâce à* l'allocation de », « *par* une action sur » ; ex. 2 « à

87 Cf. Zanola (1999 : 383) à propos des commutations souvent insatisfaisantes avec des subordonnées explicites : « en raison de l'intensité et de l'expressivité qui les caractérisent, les formes verbales en *–ant* sont des constructions linguistiques particulièrement riches ».

88 On peut d'ailleurs constater que dans le corpus recueilli par Halmøy à partir de plusieurs typologies textuelles, le gérondif de moyen est celui qui offre le plus grand nombre de cas puisés dans la presse.

travers l'achat de » ; ex. 3 « *par* la pratique loyale de » ; ex. 4 « à travers leur insertion dans les flots ») :

1. En décembre 2014, le think-tank Terra nova va plus loin encore estimant que « la légalisation permettrait de mieux accompagner les populations en difficulté *en allouant* des ressources conséquentes à la prévention, en particulier chez les jeunes adultes. Elle assurerait un meilleur contrôle du niveau général de la consommation de cannabis *en agissant* sur les prix d'acquisition, plutôt que sur une répression inopérante ». [*Marseille : en finir avec la prohibition du cannabis et l'état de guerre dans les cités*, « Libération », 5/11/2015]
2. Paris espère notamment que ce texte va harmoniser la notion de « démilitarisation » des armes, pour éviter qu'une arme rendue inopérante en France puisse être remise en état de marche ou transformée en fusil d'assaut, *en achetant* quelques pièces détachées de l'autre côté de la frontière, en Belgique. [*L'UE veut renforcer les contrôles sur l'entrée et la libre circulation sur son territoire*, « Le Monde », 20/11/2015]
3. Philippe Martinez ne croit pas que la CGT se sauvera *en pratiquant* loyalement le jeu institutionnel, à l'imitation de la CFDT. [*Ça suffit, débloquez !*, « Marianne », 27/5–2/6/2016]
4. Autre question qui taraude les services français : combien de combattants ont-ils rallié l'Europe *en se mêlant* aux flots des migrants, dans les pas de plusieurs responsables des attentats de Paris et de Bruxelles ? [*Les nouvelles menaces terroristes*, « L'Express », 1–7/6/2016]

Dans certains exemples la fonction instrumentale ressort de manière éclatante, favorisée par le sémantisme des verbes tant dans le syntagme gérondif que dans la phrase dont il dépend (cf. Halmøy 2003 : 97). Dans le premier cas, le gérondif peut indiquer une activité précise et concrète qui mène à la réalisation d'une action souhaitée (ex. 5 remplir un formulaire *en cliquant* ; ex. 6 vérifier quelque chose *en appelant*), ou les moyens activables ou activés pour parachever un projet (ex. 16 *en mobilisant ;* ex. 17 en *utilisant*). Dans le second, beaucoup plus varié, le verbe régissant est susceptible de mettre en évidence l'idée d'effort (ex. 6 *tenter* ; 7 *essayer*), d'intention ou volonté (ex. 8 *le but est* ; ex. 9 *il s'agira de* ; ex. 10 *son objectif* ;

ex. 11 *Il faut* ; ex. 12 *veulent*), d'espoir (ex. 13 *espérer*), de possibilité (ex. 14 *ont pu*) et de résultat (ex. 15 : *il a obtenu* ; ex. 19 *permet*):

5. Reste la plate-forme mise en ligne par le ministère de l'Intérieur pour prendre contact avec les enquêteurs : « Vous êtes sans nouvelles d'un proche et souhaitez signaler sa disparition, remplissez le formulaire en ligne *en cliquant* sur le bouton ci-dessous, vous serez recontacté rapidement par un officier de police judiciaire. » [*La quête insoutenable des familles*, « L'Obs », 16/11/2015]
6. Une seule fois, Abaaoud tente de vérifier si son soldat est bien rentré en France *en appelant* la mère de Reda. [*L'armée souterraine de Daech*, « L'Obs », 31/03/2016]
7. Il y a quelques semaines, Emmanuel Macron a essayé de rompre cet étrange silence et d'électriser un peu la campagne, *en faisant* peur aux Britanniques avec quelques mots : « Le jour où la relation entre la Grande-Bretagne et l'UE sera rompue, les migrants ne seront plus à Calais » [*L'Europe sans les Anglais*, « Le Point », 5/5/2016]
8. Le but est de faire le plus de victimes *en se faisant* sauter ou avant d'être abattu. [« *Les terroristes innovent continuellement* », « L'Opinion », 16/11/2015]
9. À l'avenir, l'armée française intégrera le numérique comme arme de combat en appui des forces conventionnelles : il s'agira alors de « perturber les défenses anti-aériennes *en leurrant* ou *en neutralisant* des systèmes radar », a indiqué Le Drian (le ministre de la défense). [*Bâtir un château fort numérique*, « Le Point », 26/11/2015]
10. Il [l'État islamique] cible principalement ce qu'il appelle la « zone grise », à savoir les territoires où l'islam coexiste avec d'autres religions. À cet égard, son objectif est double : dans un premier temps, détruire cette zone grise *en creusant* un gouffre entre l'islam et les non-croyants, et ensuite rétablir le califat, seule structure politique légitime à ses yeux. [*Combattre l'islamisme radical sans mettre en péril l'esprit de liberté*, « Le Point », 21/7/2016]
11. Il faut maintenant les ménager *en imposant* une cure de silence – de quelques jours, pitié ! – à nos pseudo-sociologues et tenants du

national-masochisme [*La « faute » de l'abbé Hamel*, « Le Point », 28/7/2016]

12. Les Britanniques [...] veulent regagner de l'espace pour leurs lois. Mieux maîtriser les flux migratoires. Retrouver une souveraineté judiciaire *en soumettant* la créativité de la Cour européenne des droits de l'homme au veto de leur Parlement. [*Derrière le bouc émissaire anglais, le problème allemand*, « Marianne », 17–30/06/2016]
13. Ce Concordat [...] tient dans notre contexte de la logique de l'amnistie : espérer au mieux tarir ce qui nourrit le terrorisme *en donnant* des gages aux tenants du courant le plus radical. [*Concordat entre l'islam et l'État : ce serait la trahison de trop pour la gauche*, « Le Figaro », 29/07/2016]
14. On sait aujourd'hui que plusieurs des terroristes du Bataclan ont pu s'infiltrer dans l'Union *en se faisant* passer pour des demandeurs d'asile, profitant de l'absence de contrôles sur la « route des Balkans » [*Sécurité : Donald Trump dit ses quatre vérités à l'Europe*, « L'Opinion », 22/3/2016]
15. En février, il a obtenu ce qu'il voulait d'eux *en* leur *promettant* que, grâce aux « cadeaux » de Bruxelles à la Grande-Bretagne, il pourrait défendre le Remain contre le Brexit et gagner ce référendum qu'il a lui-même déclenché. [*L'audace ou la décadence*, « Le Point », 30/6/2016]
16. Ce qui est certain, c'est que cet acte meurtrier est l'illustration de l'âge de pierre du terrorisme qui, loin d'utiliser des technologies de pointe pour frapper les populations innocentes *en mobilisant* des troupes d'élite, longuement formées à l'art de la guerre, montre que le danger peut venir de partout et de n'importe quelle manière. [*Le terrorisme mimétique, nouveau visage du djihadisme*, », « Le Point », 21/7/2016]
17. Le nom de Mohamed Lahouaiej Bouhlel fait le tour du monde aujourd'hui. [...] Il avait ensuite effectué plusieurs recherches *en utilisant* les mots-clés « Horrible accident mortel », « Terrible accident mortel » ou encore « Vidéo choc, âmes sensibles s'abstenir ». [*La radicalisation d'un psychopathe*, « L'Obs », 21/07/2016]

La lecture instrumentale du gérondif peut être liée aussi à la présence d'éléments lexicaux environnants, qui l'activent à eux seuls ou contribuent à renforcer l'idée contenue dans le verbe régissant. Paradoxalement, des mots comme « façon » et « manière » (ex. 18–19) suggèrent une modalité, un moyen de réalisation de l'action et ne permettent pas une interprétation de gérondif « de manière » proprement dit (pour lequel v. *infra*, par. 3.3.2.2) :

18. Serait-ce une façon de court-circuiter la primaire de l'opposition, *en verrouillant* le programme du futur candidat ? Ou du moins de la vider d'une partie de sa substance ? [*Sarkozy veut fixer la « ligne » des Républicains avant la primaire de 2016*, « L'Express », 11/12/2015]
19. La loi El Khomri casse non seulement le code du travail, mais elle permet également de se passer du code du travail d'une manière bien simple, *en encourageant* la fin du salariat : le soutien aux plateformes du type Uber permet de lui substituer l'imposition du statut de travailleur indépendant ou d'auto-entrepreneur. [*Loi El Khomri : l'Uberisation à l'américaine*, « Marianne », 22/2/2016]

Pareillement, les idées de « résultat » ou de « volonté » caractérisant la prédication principale ou le cotexte peuvent être relayées par des substantifs (ex. 20 « résultats » ; ex. 21 « diktats ») :

20. Résultats : ils [les Canadiens Jean Chrétien et Paul Martin] ont réformé *en s'appuyant* sur la nécessité de trouver de l'argent pour la santé. [*Pascal Lamy : « Réformer, c'est dîner avec le diable »*, « Le Point », 2/6/2016]
21. Ce mélange de puissance et d'inquiétude conduit Berlin à s'imposer sous forme de diktats. [...] Perturbant l'investissement dans le marché de l'énergie *en stoppant* le nucléaire pour relancer le charbon subventionné. [*Derrière le bouc émissaire anglais, le problème allemand*, « Marianne », 17–30/06/2016].

Ce dernier exemple, puisé dans un extrait très argumentatif confié au participe présent épithète détachée en phrase indépendante (commenté *infra*, par. 2.4.1, ex. 43), montre l'intervention du gérondif pour détailler concrètement les mesures appliquées pour mener à bien les intentions attribuées au gouvernement allemand.

Ailleurs il est plus ardu de démêler clairement la fonction de moyen des autres valeurs déclenchées par les facteurs cotextuels, comme la cause dans l'ex. 22 (*terroriser* les gens c'est le moyen par lequel le criminel s'est fait remarquer et ce qui explique sa notoriété), le cadre temporel dans l'ex. 23 (Angela Merkel avait voulu démentir l'idée que l'euro est réversible l'an dernier à travers le blocage du Grexit/quand elle a bloqué le Grexit), ou l'équivalence (de toutes les acceptions concomitantes la plus fréquente, v. *infra* par. 3.3.1.3) dans les ex. 24 (prendre en charge la transmission d'« une religion insérée culturellement », comme le dit l'article quelques lignes plus haut, équivaut à envoyer instituteurs et imams ; l'envoi de ceux-ci est en même temps un moyen pour assurer ce procès) et 25 (la démarche politique souhaitée consiste à poser un amendement et se réalise à travers ce dernier) :

22. Le tueur de masse [Mohamed Lahouaiej Bouhlel], adoubé par l'État islamique, s'était jusque-là fait remarquer *en terrorisant* femme, enfants et entourage, mais son basculement est passé inaperçu [*La radicalisation d'un psychopathe*, « L'Obs », 21/07/2016]
23. En cassant le mythe de l'irréversibilité de la construction européenne, le vote britannique implique aussi que l'euro est réversible : ce qu'Angela Merkel avait voulu éviter l'an dernier *en bloquant* un Grexit à coups de milliards d'euros est soudain devenu une éventualité tangible. [*L'euro, victime du Brexit ?*, « L'Opinion », 28/6/2017]
24. Si on trouve beaucoup moins de Turcs que de Maghrébins dans les mouvements radicaux, c'est sans doute que, pour les Turcs, la transition a pu être assurée, car l'État turc a pris en charge la transmission *en envoyant* instituteurs et imams. [*Le djihadisme est une révolte générationnelle et nihiliste*, « Le Monde », 24/11/2015]
25. M. Sarkozy confie au *Monde* : « Soit on en sort de la CEDH, ce n'est pas ce que je demande, soit on fait une démarche politique pendant un Conseil de l'Europe *en posant* un amendement, c'est ce que je préconise. » [*Terrorisme: l'État de droit au cœur de la polémique*, « Le Monde », 28/07/2016]

Il n'est pas rare de rencontrer des gérondifs postposés en phrase autonome avec un effet de mise en relief, dans des configurations où le lien avec le verbe régissant n'en reste pas moins évident, malgré la séparation syntaxique (ex. 26–30). Dans l'ex. 27 la fonction instrumentale du gérondif est particulièrement soulignée par la corrélation avec un complément de moyen (« avec la vente »), qui introduit une deuxième explication de comment « la Révolution a bouleversé la donne » :

26. Mohamed Belkaïd [...] est un des coordinateurs depuis Bruxelles, avec Najim Laachraoui, des attentats de Paris. Il a également aidé Abaaoud, toujours à distance, dans sa cavale en région parisienne après le 13 novembre. Dans sa recherche de planque, mais aussi *en envoyant* via Western Union, et sous la fausse identité de Samir Bouzid, 750 euros à la cousine d'Abaaoud, Hasna Ait Boulahcen. [*Jihadistes : le puzzle belge*, « Libération », 22/3/2016]
27. La Révolution a bouleversé la donne. D'abord *en proclamant* la propriété comme un droit fondamental des citoyens, ensuite avec la vente des biens nationaux à la bourgeoisie. [*L'autre fracture sociale*, « Le Point », 2/6/2016]
28. Pour la centrale ouvrière [...] la bataille contre la loi El Khomri est l'occasion d'affirmer cette stratégie. De se relégitimer auprès des salariés [...], *en portant* leurs doléances de sortie de crise. *En prouvant* aussi « que nous décidons avec eux. [...] », martèle Martinez. [*Pourquoi la CGT de Philippe Martinez s'enflamme*, « Marianne », 27/5/2016–2/6/2016]
29. Il n'est [...] même pas besoin de « retirer » ce texte, ni même d'organiser un référendum [...], mais bien de négocier avec les syndicats, dont la CGT et FO, une refonte de quelques articles [...]. Par exemple *en retirant* la majoration des heures supplémentaires du champ de la négociation en entreprise, comme le gouvernement lui-même l'a fait pour les 330.000 chauffeurs routiers. [*Ça suffit, débloquez !*, « Marianne », 27/5/2016–2/6/2016]
30. En octobre, le gouvernement a donc pris le problème à bras-le-corps [...] Puis vinrent les tentatives de réglementation du marché. D'abord en 1993, d'après la loi de 1989, *en attribuant* des licences aux chaînes nationales généralistes. [*Grèce : les écrans remis à plat*, « Libération », 7/8/2016]

3.3.1.2.3.2 Gérondif de moyen antéposé et intercalé

Dans les quelques exemples en antéposition sélectionnés dans notre échantillon la fonction instrumentale est claire (ex. 31–32), ainsi que dans ceux en position intercalée (ex. 33–34), sans que la coloration temporelle en soit complètement écartée (il suffit d'essayer les commutations suivantes : « *À travers* la citation de Jacques Derrida »/« *Quand* il cite Jacques Derrida », « *Par* l'intégration des «sœurs»»/« *Au moment où* il intègre», etc.) :

31. *En citant* Jacques Derrida, qui réfléchit alors sur le 11 septembre, Birnbaum nous éclaire : le pouvoir laïque de la République doit affronter un immense défi spirituel. [*Ce que les attentats ont changé en France*, « L'Express », 07/01/2016]
32. « *En intégrant* des «sœurs» dans des opérations martyres », l'EI franchit une nouvelle étape stratégique, comme l'ont fait auparavant le Hamas palestinien ou les islamistes tchétchènes », analyse la sociologue Carole André-Dessornes, auteur du livre *Les femmes martyres dans le monde arabe. Liban, Palestine et Irak*. [*Des niqabs dans le djihad*, « L'Express », 25/11/2015]
33. « J'ai retrouvé deux de mes amis aussi réfugiés dans le quartier. Ils sont alors conduits en bus au Quai des Orfèvres pour les formalités judiciaires, puis apprennent, *en appelant* le numéro spécial d'urgence, que les deux autres amis sont hospitalisés ». [*Attaques à Paris : comment la solidarité s'est organisée*, « Libération », 14/11/2015]
34. De même, la gestion des événements par les services de sécurité semble avoir permis d'éviter de tomber dans le piège tendu par deux des terroristes : ils espéraient déclencher, *en se faisant* sauter sur le parvis, un mouvement de foule vers un troisième complice, positionné sur le chemin du RER. [*L'Euro 2016 s'annonce comme un défi sécuritaire*, « L'Opinion », 16/11/2015]

Naturellement les conditions contextuelles et sémantiques indiquées pour l'émergence de la lecture du gérondif de moyen valent aussi pour ces deux positions moins représentées dans notre corpus, comme le montre l'ex. 34 avec le verbe régissant *espérer*.

3.3.1.2.3.3 Gérondif de moyen et « insistance oratoire »

Certains passages illustrent parfaitement une fonction pragmatico-textuelle que peut prendre le gérondif de moyen (quelle que soit sa position), exprimant souvent une sorte d' « insistance oratoire » (Halmøy 2003 : 168) dans la prose journalistique, l'accumulation de cette ressource entérinant la force argumentative de la thèse exposée par l'auteur à travers l'énumération des mesures et des moyens pour atteindre le résultat convoité :

35. L'enjeu essentiel est de ne pas perdre l'avantage de l'innocence *en adoptant* des mesures qui déshonoreraient les valeurs pour lesquelles nous nous battons. [...] Cette « guerre » – je n'aime décidément pas ce mot – doit être menée *en faisant* coexister plusieurs logiques qui peuvent apparaître contradictoires. [...] La victoire devra combiner une action sur plusieurs fronts : le plan militaire tout d'abord *en portant* le plus de coups fatals à Daech tout en minimisant nos pertes ; le front diplomatique ensuite *en créant* des coalitions, voire *en négociant* ; le registre proprement sécuritaire et policier, notamment *en renforçant* le renseignement, arme essentielle qui a le défaut de n'être pas visible. [...] On n'échappera à la dialectique infernale qu'*en diversifiant* et *en cloisonnant* nos réactions, tout en les coordonnant. [...] Après avoir été avec l'Algérie le laboratoire de la guerre asymétrique, guerre qu'elle a perdue, la France peut devenir le laboratoire de la victoire des démocraties confrontées à ce nouveau défi, *en inventant* la manière dont on peut aujourd'hui gagner ce nouveau type de « guerre » d'un XXIe siècle globalisé. [*Sommes-nous en guerre ?*, « L'Obs », 16/11/2015]
36. Le journaliste franco-algérien Mohamed Sifaoui désigne clairement le mal : pour lui, l'islam a été littéralement infecté au XXe siècle par deux doctrines totalitaires, le wahhabisme saoudien et l'idéologie des Frères musulmans égyptiens. Il faut les démystifier et les combattre *en montrant* qu'elles sont contraires aux valeurs musulmanes, qu'elles les déshonorent, avec leurs prolongements que sont le salafisme et ses dérives djihadistes. [...] Allant dans le même sens, la sociologue Chahla Chafik insiste : « le promoteur, le gardien et le garant du djihadisme ne sont autres que l'idéologie islamiste » et elle ajoute : « *en programmant* l'idéal politique d'une

> société fondée par l'islam, cette idéologie donne sens et forme au djihadisme ». [...] C'est *en parlant* le langage des fanatisés qu'on a une chance de les mener à douter, *en* leur *rappelant* que le suicide est un péché majeur, que tuer son semblable est toujours un crime, que le Coran énonce très clairement qu'on ne force personne en matière de religion. [...] De la même façon, ce ne peut être qu'*en s'appuyant* sur un discours de nature théologique qu'il sera possible de disqualifier l'idée même d'islamisme, de détacher le religieux du politique, comme cela s'est fait il y a un siècle en France avec l'Église catholique. Un croyant a parfaitement le droit de construire son opinion politique sur les bases de sa foi, mais il ne peut en aucun cas se donner comme objectif de l'imposer *en* la *présentant* comme une vérité absolue. [*La prise de conscience musulmane*, « L'Express », 12/08/2016]

L'arsenal sémantico-lexical des conditions favorisant l'interprétation du gérondif de moyen est encore une fois au rendez-vous : l'idée de l'intention ou de la volonté passe dans l'ex. 35 par le verbe *devoir*, au présent (« doit être menée »), ou au futur (« devra combiner »), temps par lequel l'énonciateur envisage avec conviction l'actualisation de l'événement[89], alors que dans l'ex. 36 cette indication de volonté est transmise par des prédicats comme « il faut », « ce ne peut être que », « imposer » ; le domaine de la possibilité, lui aussi recensé parmi les activateurs de la lecture instrumentale, est véhiculé par les expressions « peut devenir » (ex. 35), « a une chance », « il sera possible » (ex. 36).

Deux occurrences de l'ex. 35 permettent une lecture ambivalente, où la condition n'est pas exclue (*en diversifiant* et *en cloisonnant* : « si on diversifie et si on cloisonne »), bien que la teneur du discours vise plutôt à renchérir sur l'effective faisabilité des propositions avancées et donc à suggérer une prédominance de l'indication des moyens à adopter pour arriver à l'objectif souhaité (ce qui est confirmé par la seconde occurrence de futur assertif, « échappera »). Encore une fois les remarques suscitées par notre corpus recoupent celles d'Halmøy (2003 : 96), qui parle de la coprésence de plusieurs « colorations » dans un seul gérondif.

89 Imbs (1960 : 50–52) parle d'un « futur volitif » qui peut transmettre une « affirmation catégorique », comme dans ce cas.

3.3.1.3 Gérondifs A' (inclusion ou équivalence)

Le type de gérondif dit d'inclusion ou équivalence, bien attesté dans la prose journalistique contemporaine, rentre dans la configuration A' et consiste à formuler une action incluse dans celle du verbe régissant, qui serait dans une position « hyperonymique » (Halmøy 2003 : 99) :

a. Ce fermier s'est trouvé une niche *en ouvrant*, il y a dix ans, sa propre boutique de viande. (« Libération »)

Les deux actions figurant dans la construction gérondive sont coextensives ; plus précisément, on parle de relation d'inclusion si « l'extension du verbe régissant est supérieure à celle du syntagme gérondif » (Halmøy 2003 : 99), lequel est perçu comme la spécification de l'autre prédicat ; cette relation peut se doubler d'un effet d'équivalence si l'extension entre les deux procès a tendance à coïncider, ce qui est parfois souligné par la présence d'adverbes comme *ainsi*, *aussi* dans la principale (Halmøy 2003 : 99–100) :

b. *En tuant* sa mère, *en étranglant* le sordide, il a aussi assassiné le rêve. (« Le Figaro »)

Parfois le sémantisme du verbe au gérondif permet de superposer la valeur temporelle à celle d'équivalence, comme dans l'ex. c., qui admet tant la localisation chronologique (*quand il s'est marié*) que l'interprétation d'équivalence (*se marier* revient à *commettre une erreur*) :

c. Il a commis une erreur *en se mariant*. (Halmøy 2003 : 101, sans indication de source)

Kleiber (2007a : 98, note 8) reconnaît à Halmøy le mérite « d'avoir mis en relief un tel emploi, rarement relevé par les analystes » et, ajouterons-nous, à ce jour complètement ignoré dans toute grammaire[90]. Arnavielle (2010a : 17–18) adopte l'étiquette « gérondif de reformulation » pour cet usage qu'il juge lui aussi très fréquent dans la presse et qui n'exprime ni la circonstance ni la manière, mais « un développement, [...] une

90 Kleiber confirme aujourd'hui qu'il s'agit d'un « gérondif très intéressant », qui « n'a, mis à part par Odile Halmøy, quasiment pas été étudié », et conclut que « le champ est en friche » (communication personnelle, courriel du 19/12/2017).

explicitation, [...] une manifestation », dans une sorte de continuité allant « dans le sens d'un surcroît de précision » :

d. Très populaire au Japon, ce jeu a mis un pied en Europe *en débarquant* en Angleterre (« Le Monde »).
e. Le ministère de l'intérieur commet une erreur grossière *en associant* automatiquement salafisme et terrorisme (« Libération »).

Il s'agit de la catégorie de gérondifs la plus représentée dans notre corpus, avec 72 occurrences sur 302 totales (23,8%, soit presque un quart du total, proportion incontestablement imposante), avec une nette prédominance de la structure liée sur la structure détachée (47 *vs* 25). Sans surprise, étant donné sa vocation à développer en partie ou totalement le concept de la principale, ce type de gérondif se trouve dans la plupart de nos occurrences en postposition par rapport au verbe régissant (avec 66 exemples sur 72), emplacement iconique qui lui assure un plus fort potentiel rhématique (cf. Halmøy 2003 : 99). Quant à la sous-catégorisation possible en gérondif d'inclusion ou d'équivalence, une distinction n'est pas toujours aisée et une dénomination plus générale comme celle proposée par Arnavielle, « gérondif de reformulation », peut paraître plus recevable, d'autant plus qu'elle insiste sur la reprise et la détermination de l'action indiquée dans la principale. Nous avons toutefois cherché à isoler les deux types pour mieux analyser les facteurs qui entrent en jeu dans cette configuration gérondive. Nous pouvons affirmer premièrement que la structure liée ou détachée n'y est pour rien, les deux typologies syntaxiques se retrouvant indifféremment dans l'une ou l'autre répartition sémantique. Deuxièmement, la distribution des exemples au sein des deux catégories n'est pas équilibrée, puisque l'inclusion en comprend 20 et l'équivalence les 52 restants, et il est à noter que les quelques exemples (au nombre de 6) de gérondif antéposé se rangent tous sous l'équivalence. Troisièmement, la plupart des ressources linguistiques et des conditions qui activent l'idée d'inclusion ou équivalence s'avèrent être partagées par les deux catégories. Car ce type de gérondif présuppose lexicalement ou sémantiquement son verbe régissant, par rapport auquel soit il précise un aspect saillant (inclusion), soit il indique une action considérée comme correspondante (équivalence). Parfois cette relation est explicitement confiée à des moyens qui peuvent être communs ou spécifiques aux deux typologies : des reprises ou dérivations lexicales (éléments cohésifs partagés), des hyponymes (inclusion), la désignation d'exemples (inclusion), ainsi que des adverbes ou locutions adverbiales suggérant la spécification, l'addition et l'énumération (inclusion) ou l'identité (équivalence). Ailleurs ce rapport, les deux catégories confondues, est évoqué plus indirectement par une solidarité ou contiguïté sémantique entre le gérondif et le verbe régissant (qui peuvent être synonymes ou appartenir au même champ sémantique ou associatif), ou, de manière encore plus large, par des inférences activées à partir du contexte ou de l'encyclopédie du destinataire.

Cet usage d'inclusion/équivalence incarne parfaitement une caractéristique que Kleiber/Theissen attribuent au gérondif en général, qui est dit représenter un « auxiliaire précieux [...] pour les opérations de connexion discursive », pouvant fonctionner à la fois comme « marqueur de cohésion et de cohérence intraphrastiques » et « marqueur de cohérence extraphrastique » (2006 : 173–174; 179).

3.3.1.3.1 Gérondif d'inclusion

Dans les exemples qui suivent, l'idée d'inclusion est d'abord suggérée par des inférences liées au contexte (ex. 1 : l'indication du score exact en parlant d'élections), ou par une relation sémantique clairement hyponymique (ex. 2 : l'islam salafiste étant un type d'islam auquel on peut se convertir ; ex. 3 : la décapitation rentrant parmi « les macabres agissements » de Daech) :

1. C'est Philippe Richert, président sortant LR du conseil régional d'Alsace, qui devient président de la grande région Alsace-Champagne-Ardenne-Lorraine *en obtenant* plus de 48% des suffrages. [*Élections régionales : ce qu'il faut retenir après le deuxième tour,* « Le Monde » 13/12/2015]
2. Et puis un beau matin, ils [les jeunes de « deuxième génération »] se sont (re)convertis, *en choisissant* l'islam salafiste, c'est-à-dire un islam qui rejette le concept de culture, un islam de la norme qui leur permet de se reconstruire tout seuls. [*Le djihadisme est une révolte générationnelle et nihiliste*, « Le Monde », 24/11/2015]

3. Pourquoi est-il [Yassin Salhi] allé jusqu'à singer les macabres agissements de Daech *en décapitant* son patron ? [*Le terrorisme mimétique, nouveau visage du djihadisme*, « Le Point », 21/7/2016]

La relation d'inclusion peut être aussi relayée par un adverbe indiquant une précision (ex. 4, 5 : « notamment »), qui peut s'accompagner également d'une reprise lexicale (ex. 5 : « demande [...] en me demandant notamment »), situation qui accentue l'effet de ce type de gérondif :

4. Après avoir bouleversé son agenda, *en annulant* notamment sa participation au G20 en Turquie, François Hollande a réuni un Conseil de défense samedi matin, un nouveau Conseil des ministres extraordinaire dans l'après-midi, invité les chefs de parti à l'Élysée dimanche, décrété un deuil national de trois jours et surtout annoncé, pour lundi, la réunion du Congrès du Parlement à Versailles. [*Hollande à nouveau confronté à « l'horreur » du terrorisme*, « Le Figaro », 15/11/2015]
5. Interrogée dimanche soir sur France 2, la policière municipale a réitéré ses accusations : « Au fur et à mesure que le temps passe, les appels sont de plus en plus rapprochés. [...] La personne du ministère demande au commandant de police présent sur place de me faire modifier certains éléments, certains paragraphes, *en me demandant* notamment de faire apparaître sur certains endroits des positions de la police nationale ». [*Polémique sur la sécurité à Nice : ce que l'on sait*, « Le Monde », 25/07/2016]

Ailleurs la précision peut venir de l'exemplification (ex. 6 « par exemple »), ou d'une locution adverbiale indiquant l'ajout (ex. 7 « de surcroît ») ou le premier élément d'une énumération (ex. 8 « d'abord ») :

6. Mais tous les spécialistes soulignent qu'on ne dépasserait pas les 50 000 réservistes sans vrai bouleversement, *en imitant* par exemple le Canada qui dispose d'un système de « cadets de la défense » en mesure de former jusqu'à 70 000 jeunes par an (pour 88 000 militaires d'active). [*Face au défi djihadiste : 8 mesures à prendre d'urgence*, « Marianne », 21–28/7/2016]
7. Quant au clivage historique et social entre propriétaires et locataires, non seulement il perdure mais il se creuse, *en prenant* de

surcroît des allures de conflit générationnel. [*L'autre fracture sociale*, « Le Point », 5/5/2016]

8. En octobre, le gouvernement a donc pris le problème à bras-le-corps, d'abord *en faisant* voter un projet de loi pour modifier la structure des télévisions : création d'un cadre légal pour le numérique terrestre, ouverture à la concurrence et attribution des fréquences, modifications des règles publicitaires… [*Grèce : les écrans remis à plat*, « Libération », 7/8/2016]

Dans d'autres cas (ex. 9–11) on peut déduire à partir de nos connaissances du monde que l'action véhiculée par le gérondif ne représente qu'une manière parmi d'autres envisageables pour réaliser le procès décrit par le verbe régissant, ce qui est particulièrement évident dans l'ex. 12, qui multiplie les gérondifs d'inclusion pour spécifier les activités des participants aux Journées mondiales de la jeunesse :

9. Hakim décide donc de frapper sur le sol français *en s'en prenant* à des marins de la base militaire de Toulon. [*Les nouvelles filières djihadistes*, « L'Obs », 16/11/2015]
10. Depuis l'accentuation des frappes occidentales et le coup de pouce décisif de l'armée russe, l'EI […] éprouve plus de difficultés à projeter en Europe ses commandos. Mais l'EI s'est adapté *en encourageant* des attentats autofinancés, encore plus indétectables en amont, et dont les auteurs sont en lien plus ou moins direct avec les réseaux islamiques. [*Le renseignement face aux « zombies du terrorisme »*, « Le Point », 21/7/2016]
11. Plusieurs attentats ont été évités, et l'organisation de la police avait été revue après les attentats du 13 Novembre, *en triplant* les effectifs des forces rapides d'intervention. [*Un attentat en Grande-Bretagne ? « Une question de "quand" et non de "si" », pour le patron de Scotland Yard »*, « Libération », 31/7/2016]
12. En attendant l'arrivée du souverain pontife, mercredi, ils ont profité de leur séjour *en visitant* la ville, *en discutant* et *en débattant* avec les autres participants et *en assistant* à des concerts. [*Les Journées mondiales de la jeunesse débutent sous haute surveillance à Cracovie*, « Le Monde », 26/07/2016]

L'ex. 13 présente une syntaxe brisée, où le syntagme gérondif apparaît en phrase autonome (bien qu'il soit logiquement lié à celle qui précède) pour marquer un effet d'emphase qui souligne l'argument avancé :

13. Mais cette guerre nous impose de prendre notre part du combat. *En défendant* nos valeurs fondatrices de liberté et d'égalité, le principe ô combien non négociable de laïcité. [*Nous serons toujours debout !*, « Marianne », 16–25/11/2015].

3.3.1.3.2 Gérondif d'équivalence

Dans de nombreux cas, pour le dire avec les mots d'Arnavielle, « la reformulation, ou l'explicitation, atténue, efface même peut-être, la subordination en posant une quasi équivalence sémantique » (2010b : 238–239). Le rapport non pas de simple inclusion mais de véritable correspondance de contenu qui s'instaure entre la prédication première et le syntagme gérondif figure parfois de manière très évidente, comme dans les cas ci-dessous (ex. 14–16). Dans l'ex. 14 le champ sémantique de la « formation » (« sont formés ») implique la possibilité de « suivre » une vaste palette de « cursus », dans l'ex. 15 selon le journaliste « ouvrir le débat » équivaut à « être à la hauteur » d'une « éthique de responsabilité », alors que dans l'ex. 16 le lien de cohérence déjà existant entre les actions « attribuer un sexe » et « classer » (qui convergent vers le but de l'enquête affiché dès le titre de l'article, « savoir si un bébé qui crie est une fille ou garçon ») est resserré par la reprise du même lexème (« les pleurs »)[91] :

14. Chaque année […] 200.000 apprentis sont formés aux métiers de l'artisanat, *en suivant* l'un des 600 cursus spécialisés allant du CAP au titre d'ingénieur, en passant par des BTS […] et des DUT. [*L'artisanat, une voie sur mesure*, « L'Express », 1–7/6/2016]
15. Puissent les autorités publiques être à la hauteur de cette éthique de responsabilité *en ouvrant* enfin le débat. [*Marseille : en finir avec la prohibition du cannabis et l'état de guerre dans les cités*, « Libération », 5/11/2015]

---

91 Cf. Halmøy (2003 : 100) : « l'effet de sens équivalence est encore accentué lorsqu'un même lexème (avec des expansions différentes éventuellement) apparaît en position de gérondif et de verbe régissant ».

16. La première série d'expériences a montré que les adultes attribuaient sans hésiter un sexe à des bébés inconnus sur la base de leurs pleurs, *en classant* les pleurs graves comme étant ceux de garçons et les pleurs aigus comme ceux de filles. [*Vous pensez savoir si un bébé qui crie est une fille ou garçon ? En fait, c'est impossible*, « L'Obs », 29/04/2016]

L'ex. 17 illustre l'importance de prendre en compte l'environnement textuel, qui clarifie que la circulation d'informations utiles est le seul instrument d'entraide envisagé et non l'une des formes possibles qu'elle pourrait prendre, sujet qui est développé dans tout cet article portant sur la naissance d'associations de rescapés des attentats du 13 novembre 2015 :

17. « Notre but, c'est d'avoir plus d'informations sur ce qui s'est exactement passé. Beaucoup d'entre nous ont besoin de savoir, explique le vice-président. On essaie aussi de s'entraider, *en faisant* circuler les informations utiles. Il faut les chercher, aucune structure de l'État n'existe pour nous orienter » [*13 Novembre, réparer les survivants*, « Libération », 14/2/2016].

Le gérondif d'équivalence possède encore mieux que son pendant, celui d'inclusion, la capacité d'illustrer « un des aspects (concret) de l'idée abstraite ou métaphorique exprimée par le verbe régissant » (Halmøy 2003 : 91), comme le montrent les exemples ci-dessous (18–23), où le gérondif décline de manière ponctuelle un concept imagé ou vague (*jeter de l'huile sur le feu* ; *voler la vedette* ; la métaphore footballistique *tacler* ; *jouer les pompiers* ; *tendre un rameau d'olivier ; répondre aux vœux*), jusqu'à filer aussi la métaphore (ex. 21 : *jouer les pompiers* > *en arrosant*) :

18. La direction cégétiste a […] 2017 comme ligne d'horizon. D'abord, parce qu'elle risque de perdre l'an prochain la place de première place représentative des salariés, au profit de la CFDT de Laurent Berger qui à son tour jette de l'huile sur le feu *en exhortant* le gouvernement à l'intransigeance face au mouvement social. [*Ça suffit, débloquez !*, « Marianne », 27/5–2/6/2016]

19. D'autant plus gonflé à bloc qu'Emmanuel Macron, son ministre de l'Économie devenu son rival sur le credo gauche libérale, lui volait la vedette *en prônant* la renégociation des 35 heures. [*Valls atteint par le "syndrome de Davos"*, « Marianne », 27/5–2/6/2016]
20. Les partisans du maintien en Europe [...] préfèrent marteler tous les aspects négatifs d'une sortie plutôt que de vanter les bénéfices de l'appartenance au plus grand marché du monde. Les brexiteurs les taclent aisément *en critiquant* leur « Project Fear », autrement dit leur propagande de la peur. [*Grande-Bretagne : l'Europe par défaut*, « Marianne », 27/5–2/6/2016]
21. Pour l'instant, la Banque centrale d'Angleterre joue les pompiers pour éviter le pire *en arrosant* les marchés financiers et de changes. [*Vent de panique sur la pierre britannique*, « Libération », 6/7/2016]
22. La France ne désespère pas de jouer un rôle dans le dénouement de la guerre fratricide entre Israéliens et Palestiniens. *En organisant* une conférence de paix à Paris le 3 juin, elle [la France] va une nouvelle fois tendre un rameau d'olivier aux deux parties. [*La France, éternel second rôle au Proche-Orient*, « L'Obs », 2–8/6/2016]
23. *En commettant* son massacre un 14 juillet, pour la fête nationale, Mohamed Lahouaiej Bouhlel a parfaitement répondu aux vœux de l'EI. [*Le renseignement face aux « zombies du terrorisme »*, « Le Point », 21/7/2016]

Les deux derniers exemples (22–23) montrent la valeur thématique du gérondif antéposé, qui dans un cas (ex. 22) reprend clairement la tentative française d'avoir un rôle dans le conflit au Proche Orient évoquée dans la phrase précédente et anticipe son expression figurée véhiculée par la principale (« va [...] tendre un rameau d'olivier »), alors que dans l'autre (ex. 23) le renvoi est plus large : bien que l'événement auquel il est fait référence (l'attentat au camion-bélier de Nice) ne soit pas cité antérieurement de manière explicite dans le texte, à la date de parution de l'article il est relayé en permanence depuis quelques jours par tous les médias français et internationaux et ne peut pas être ignoré.

Parfois la relation qui s'instaure entre le verbe régissant et le gérondif semble pousser la reformulation dans le sens d'un achèvement sémantique indispensable du premier par le second (ex. 24–28), rendant encore plus contraignant le rapport de « complémentation » qui se noue entre les deux parties dans toute construction gérondive (Kleiber/ Theissen 2006 : 175) :

24. L'été dernier, elle [une terroriste d'origine britannique] s'illustre *en expliquant*, sur Internet, comment fabriquer des bombes dans sa cuisine. [*Des niqabs dans le djihad*, « L'Express », 25/11/2015]
25. Emmanuel Todd s'est trompé *en dénonçant* la France du 11 janvier comme une « imposture », un pays « catholique zombie » où « ce sont les régions les moins républicaines par le passé qui ont le plus manifesté ». [*Ce que les attentats ont changé en France*, « L'Express », 7/1/2016]
26. Selon un sondage Odoxa-Le Parisien, 61% des Français jugent que, si la situation continue de se dégrader jusqu'à affecter l'organisation de la Coupe d'Europe de football, ce sera la faute du gouvernement qui a pris « de gros risques *en voulant* passer en force sur la loi Travail ». [*Ça suffit, débloquez !*, « Marianne », 27/5/-2/6/2016]
27. Pourquoi, une fois son patron éliminé, a-t-il [Yassin Salhi] voulu poursuivre son acte *en tentant* de perpétrer une attaque dans une usine de production de gaz industriels ? [*Le terrorisme mimétique, nouveau visage du djihadisme*, « Le Point », 21/7/2016]
28. La ministre des Droits des femmes, Laurence Rossignol, a rapidement réagi *en déclarant* sur Twitter dans l'après-midi avoir saisi la Délégation ministérielle à la lutte contre le racisme et l'antisémitisme. [*Un restaurateur refuse de servir deux femmes voilées*, « Libération », 28/8/2016]

Dans notre corpus certains articles font un usage assez extensif de ce gérondif qui, assurant le passage de l'abstrait ou du figuré à l'application concrète, peut aussi connaître un usage discursif visant à préciser les opinions des personnages évoqués. Ainsi, dans les ex. 29 et 30 il est question de l'interprétation des performances des Républicains lors des élections régionales de 2015, décrites avec plus ou moins d'optimisme selon l'orientation (visible dès les titres) des deux quotidiens qui transmettent la nouvelle. Le premier extrait présente le gérondif d'équivalence pour étoffer les avis rapportés et recourt à des éléments cohésifs (la reprise et la dérivation lexicale : « a appelé »/« en appelant » ; « renouveau »/« nouveaux ») pour renforcer l'homogénéité sémantique :

29. Lui aussi [François Fillon] a appelé à relativiser la victoire de son camp, *en appelant* à ne pas oublier le traumatisme provoqué par la poussée du FN. [...] Chez les quadras, Bruno Le Maire a réitéré sa volonté d'incarner « le renouveau », *en estimant* que la droite avait besoin de « visages nouveaux ». Numéro deux du parti, Nathalie Kosciusko-Morizet s'est, elle, démarquée, *en critiquant* de nouveau le « ni PS ni FN » porté par M. Sarkozy. [...] M. Sarkozy a également tenté de couper court aux critiques sur le manque de crédibilité du projet de LR, *en annonçant* que son parti allait se lancer dans un vaste travail de rénovation idéologique. [*Élections régionales : le succès relatif des Républicains offre un peu de répit à M. Sarkozy,* « Le Monde », 14/12/2015]

Dans le second passage concernant les régionales françaises le gérondif d'équivalence intervient avec une fonction argumentative pour crédibiliser à travers une citation (introduite dans les deux cas par *en affirmant*) les attitudes attribuées aux deux politiciens évoqués (*choisir l'affrontement* ; *prendre l'exact contre-pied*) :

30. L'heure des règlements de comptes a-t-elle sonné ? Pour Nathalie Kosciusko-Morizet, oui. Prévenue à plusieurs reprises par Nicolas Sarkozy que « la vice-présidente du parti ne peut pas prendre des positions systématiquement différentes de celles du parti », la numéro deux de LR a choisi l'affrontement *en affirmant* sur TF1 que « si les élus de gauche avaient appliqué le "ni-ni" prôné par l'ancien chef de l'État » – « ni fusion, ni retrait » –, la droite « aurait perdu ». [...] Vainqueur en Auvergne-Rhône-Alpes, Laurent Wauquiez a pris lui aussi l'exact contre-pied de la vice-présidente du parti, son éternelle rivale, *en affirmant* : « Nos électeurs en ont assez des fausses pudeurs, la droite doit retrouver une colonne vertébrale ». [*Pas de vague bleue pour les Républicains mais une victoire quand même*, « Le Figaro », 14/12/2015]

3.3.1.3.3 Gérondifs d'inclusion/équivalence recouvrant une acception supplémentaire

Dans notre corpus on remarque des cas de superposition d'autres acceptions à celle d'inclusion/équivalence, qui permettent aisément des commutations avec des subordonnées temporelles (ex. 25 ci-dessus : « Emmanuel Todd s'est trompé *quand il a dénoncé* la France » ; ex. 31 ci-dessous, « Éric Zemmour a même voulu faire de l'humour [...] *quand il a lancé* »), ou à coloration causale-explicative (ex. 32 : « le FN a gâché ses plans *parce qu'il est arrivé* en tête du premier tour », où une nuance temporelle n'est pas exclue ; ex. 33 : « il symbolisait l'unité et le rassemblement de la nation, *puisqu'il dessinait* un compromis ») :

31. Le polémiste Éric Zemmour a même voulu faire de l'humour sur RTL *en lançant* : « Au lieu de bombarder Raqqa, la France devrait plutôt bombarder Molenbeek (à Bruxelles) d'où sont venus les commandos du vendredi 13 ». [*Terrorisme : face aux accusations de Paris, la Belgique se rebiffe*, « Libération », 19/11/2015]
32. Après avoir mené son camp à la victoire aux départementales, en mars, M. Sarkozy tablait sur un gain de dix régions. [...] Or, le FN a gâché ses plans *en arrivant* en tête du premier tour, ce qui a cassé la posture de « meilleur rempart au FN » que l'ex-chef de l'État revendiquait depuis son retour en politique, à l'automne 2014. [*Élections régionales : le succès relatif des Républicains offre un peu de répit à M. Sarkozy,* « Le Monde », 14/12/2015]
33. Le succès du programme du CNR s'explique par de multiples raisons. [...] Il symbolisait l'unité et le rassemblement de la nation, *en dessinant* un compromis entre toutes les sensibilités de la résistance intérieure et extérieure, des gaullistes aux communistes et à la CGT en passant par les socialistes, des planistes des années 30 aux néolibéraux en passant par les équipes techniciennes de Vichy. [*Un modèle à réinventer*, « Le Point », 2/6/2016]

Le recouvrement le plus vaste que nous avons observé est sans conteste celui entre le gérondif d'inclusion/équivalence et l'expression du moyen (ex. 34–39), ce qui ne surprend guère sachant que les effets de sens liés à ces deux catégories abondamment représentées dans la presse – moyen, typologie A, et inclusion/équivalence, typologie A' – se disposent sur un continuum sans frontières nettes d'après Halmøy (2003 : 100).

Les ex. 34–35 montrent clairement comment une action abstraite contenue dans le verbe régissant peut être reprise à la fois sur le mode de l'expansion et de l'indication instrumentale : *rassurer ses acolytes* équivaut à leur promettre quelque chose et se fait par conséquent au moyen d'une promesse ; *mettre en œuvre une stratégie* revient dans la pratique à multiplier les attentats et cette stratégie s'applique donc par de multiples attentats.

34. À l'heure qui suit le plus grand attentat commis dans Paris depuis vingt ans, un de ses exécutants doit, pour se faire exfiltrer, rassurer ses acolytes *en* leur *promettant* de s'acquitter des péages sur l'autoroute A1. [*Vie et mort d'une bande d'assassins*, « Le Point », 26/11/2015]
35. Or c'est la même stratégie que l'EI est en train de mettre en œuvre *en multipliant* les attentats terroristes sur le sol européen. [*Combattre l'islamisme radical sans mettre en péril l'esprit de liberté*, « Le Point », 21/7/2016]

Les expressions figurées des ex. 36–37 présentent la même ambivalence : *travestir la réalité* correspond à exagérer les données relatives à la présence policière et on le fait justement à travers l'exagération de cet aspect (d'ailleurs *travestir* et *exagérer* partagent le sème « aller au-delà de la réalité »)[92] ; ceux qui *conspuent* Valls ne font que souiller en même temps la mémoire des victimes de l'attentat de Nice, ce qui revient à dire que cet acte de contestation est un moyen pour *souiller* leur mémoire (rapprochement favorisé par la présence commune de connotations négatives entre les deux verbes de la construction gérondive) :

36. Car le quotidien [...] accuse surtout dans son article « la communication du gouvernement d'avoir, au minimum, travesti la réalité » *en exagérant* a posteriori la présence policière sur la promenade des Anglais. [*Dispositif policier à Nice le 14 juillet : Cazeneuve ordonne une enquête administrative*, « Le Monde », 20/07/2016]
37. L'attitude de ces quelques incendiaires a eu une première conséquence : une poignée d'individus ont souillé la mémoire des victimes de Nice *en conspuant* Manuel Valls lors d'une minute de silence bafouée. [*Attentat de Nice : sagesse du peuple, faillite des élites*, « Marianne », 21–28/07/2016]

---

92 « Travestir : *au fig., péj.* Transformer une chose en lui donnant un aspect mensonger qui en dénature le caractère. synon. *déformer, déguiser, falsifier, fausser, maquiller* » ; « exagérer : présenter (une chose) (à quelqu'un) en lui donnant une importance ou des proportions plus grandes qu'elles n'en a réellement » (*TLFI*).

L'ex. 38 présente une phrase proche de l'efficacité du slogan, qui joue sur le parallélisme formel (verbe + attribut) et sur la dérivation lexicale entre les verbes pour consolider l'idée d'équivalence entre les concepts (« *redevenir* un bon musulman *en devenant* un martyr ») et en même temps suggérer quel moyen adopter (« devenir un martyr ») pour arriver au but souhaité (« redevenir un bon musulman ») :

38. « Contrairement à Al-Qaida, Daech a un discours bien rodé à l'égard de ces personnes : "Tu es un pécheur car tu es la victime des tares de la société mécréante dans laquelle tu vis. Tu peux redevenir un bon musulman *en devenant* un martyr" », explique Claude Moniquet. [*Antiterrorisme : l'impossible risque zéro*, « L'Obs », 21/07/2016]

Si les exemples ambivalents à peine mentionnés comportent manifestement un aspect d'équivalence, le suivant (ex. 39) est attribuable plutôt au signifié d'inclusion, marqué par l'adverbe *notamment* (l'adaptation aux menaces modernes comporte et en même temps se réalise à travers, entre autres, l'élargissement des mesures mentionnées) :

39. Sur le plan intérieur, François Hollande confirme la prolongation de l'état d'urgence et exige son adaptation aux menaces modernes, *en élargissant* notamment le cadre des assignations à résidence et des perquisitions. [*Les jours qui ont fait basculer le quinquennat*, « Le Figaro », 20/11/2015].

3.3.2 Gérondifs ayant une relation intraprédicative

Ces gérondifs ont pour valeur fondamentale la simultanéité (la configuration gérondive dans laquelle ils s'insèrent présentant « deux actions menées de front par un même agent »), sont toujours rhématiques et postposés au verbe régissant (Halmøy 2003 : 107–108). Ils peuvent être liés ou détachés par rapport à la prédication principale.

3.3.2.1 Gérondifs B (concomitance/simultanéité)

Ces gérondifs concernent un procès qui se déroule parallèlement à celui du verbe régissant[93], sans entretenir de lien logique avec ce dernier, si bien qu'une paraphrase par une coordonnée est toujours possible (ex. a') et que souvent il y a une certaine réversibilité entre le verbe régissant et celui au gérondif (ex. a" ; a"') :

a. Le chef faisait les cent pas en fumant sa pipe en bambou (Dai, ouvrage non précisé, dans Halmøy 2003 : 101).
a'. Le chef faisait les cent pas et en même temps fumait sa pipe en bambou.
a". Le chef fumait sa pipe en bambou en faisant les cent pas.
a"'. Le chef fumait sa pipe en bambou et en même temps faisait les cent pas.

Cette catégorie correspond à la seconde envisagée par Gettrup (1977, cf. *infra*, par. 1.3.2.) pour répartir les gérondifs en deux grands types, selon qu'ils servent à localiser temporellement la principale (ex. *Je chante en me rasant*) ou qu'ils ajoutent des valeurs circonstancielles concomitantes (ex. *Je me rase en chantant*). En reprenant cet exemple devenu classique dans la littérature sur le gérondif, Zanola (1999 : 371) paraphrase « Il se rase en chantant » par « Il se rase et il chante », en parlant de « gérondifs coordonnants », à savoir qui cachent une proposition coordonnée à la principale, en opposition avec les « gérondifs subordonnants » qui, eux, admettraient toujours une paraphrase par une subordonnée de valeur circonstancielle.

La configuration du gérondif de concomitance est jugée très fréquente dans les incises après des verbes de *dire* (où le principe de réversibilité est visiblement moins acceptable) et par conséquent dans des séquences dialogales, qui abondent en particulier dans les œuvres de fiction :

b. « Je n'ai jamais rien vu de plus grand », murmura, *en écrasant* une larme, un cameraman de TF1 » (« Marianne », dans Halmøy 2003 : 103).

93 Kleiber (2007a : 117) affirme que l'emploi de concomitance donne lieu à « une situation de parallélisme » entre les deux actions énoncées.

Dans notre corpus on dénombre 29 exemples appartenant à cette catégorie (soit 9,6% du total), dont la plupart en configuration liée. Certains exemples reflètent le cas de figure prototypique de deux procès menés en parallèle par le même sujet, où, dans le syntagme gérondif tout comme dans le verbe régissant, apparaissent des conditions selon Halmøy (2003 : 102) favorables à l'éclosion de cette valeur gérondivale : des verbes de la « gestuelle ou de la mimique corporelle » (ex. 1, *tapoter* ; ex. 3 *serrer* la main ; ex. 5 *fumer* ; ex. 8 *se tenir* la main), des verbes de « mouvement ou de déplacement » (ex. 3 *rentrer* ; ex. 4 *courir*), des verbes de *dire* (ex. 1 *se rappeler* ; ex. 2 *dire* ; ex. 4 *crier*, *demander*), ou encore un prédicat plus intellectuel (ex. 5 *conspirer*, ex. 6 *oublier*), ou un verbe de perception (ex. 7 *matant*). Les ex. 3–4 illustrent bien la fonction textuelle que peut avoir ce type de gérondif, inséré dans des passages narratifs et descriptifs visant à reproduire les circonstances de ce qui s'est passé le 13 novembre 2015 à Paris :

1. « Ça ne ressemble pas à des pétards, comme on l'a beaucoup dit. C'est beaucoup plus sec, comme un bruit de caisse claire », se rappelle-t-il *en tapotant* sur une table basse le rythme des tirs. [*13 Novembre, réparer les survivants*, « Libération », 14/2/2016]
2. « Un jeune qui pousse la porte *en me disant* : "Je veux fabriquer quelque chose de concret" et qui aime une matière en particulier, c'est gagné », assure Damien Canonne. [*L'artisanat, une voie sur mesure*, « L'Express », 1–7 juin 2016]
3. Anna est une jolie Italienne aux grands yeux, vivant dans le quartier depuis trois ans. Elle rentre chez elle *en serrant* la main de son amie, chez qui elle a dû passer la nuit. […] Un mec est sorti du Bataclan *en criant* qu'il avait perdu sa copine. [*Le jour d'après…*, « L'Obs », 16/11/2015]
4. Comme bien d'autres, Paul-Adrien se rue vers la sortie est. Bloquée. « Dans la panique, je me suis retrouvé sur la pelouse du stade dans l'attente de pouvoir sortir ». Idem pour Pierrick, 33 ans, qui a vu « des centaines de personnes courir *en criant* qu'il y avait des jets de lacrymo ». […] Luc, 22 ans, étudiant en 5e année de médecine, a préféré se replier à l'intérieur. […] « J'ai soulevé une dame *en* lui *demandant* : «Vous allez bien ?» Son cerveau est sorti de sa

boîte crânienne. » [« Le bruit des chargeurs qui se vident et qu'ils réarment sans fin », « L'Obs », 16/11/2015]

5. Ils sont moins d'une dizaine, dont deux femmes, à conspirer *en fumant* du shit. [*Vie et mort d'une bande d'assassins*, « Le Point », 26/11/2015]
6. « Nous avons été endormis par l'idée confortable que ces rivalités entre branches de l'islam ne concernaient que les pays musulmans, *en oubliant* la question des musulmans d'Europe », expliquait Hubert Védrine. [*Tout sauf des nihilistes*, « Marianne », 16–25/11/2015]
7. Le « dragueur lourd » fréquentait les mêmes soirées salsa qu'elle, aux Studios de la Victorine. « J'étais pas la seule à qui il avait fait des avances de ce genre via des réseaux sociaux. Mais le plus étrange, c'est que lorsqu'on le croisait ensuite vraiment il ne nous parlait jamais et restait à l'écart *en matant.* » [*La radicalisation d'un psychopathe*, « L'Obs », 21/07/2016]
8. Une vidéo d'une minute trente secondes diffusée mercredi par Amaq, l'agence de propagande de l'organisation terroriste, les montre prêtant allégeance *en se tenant* la main. [*Kermiche et Petitjean : des tueurs unis dans la même frustration*, « Le Figaro », 28/07/2016]

Ce dernier exemple (8) est particulièrement intéressant pour la proximité entre un participe présent attribut direct du complément d'objet (cf. *infra*, par. 2.6) et un gérondif de concomitance : le premier fige la scène de manière photographique, iconique, alors que le gérondif clarifie les circonstances.

La simultanéité entre les deux actions coextensives peut être renforcée par l'ajout de la locution « au passage » (ex. 9), qui peut accompagner aussi un gérondif en phrase indépendante (bien que sémantiquement reliée à la précédente) pour avoir plus d'effet (ex. 10) :

9. Des pommes, des tasses et des assiettes qui volent. Au sens propre, ça jongle à tout-va et même *en croquant* un morceau de fruit au passage. [*Les spectacles sont au coin de la rue à Paris*, « Le Monde », 29/07/2016]
10. C'est parce qu'il s'est appuyé sur l'emploi et la compétitivité et qu'il a négocié avec tout le monde que Schröder a pu « vendre » les

réformes à l'opinion. *En s'asseyant* au passage sur l'autre exigence défendue, elle, par le ministre des Finances et la Bundesbank : la rigueur budgétaire. [*Pascal Lamy : « Réformer, c'est dîner avec le diable »*, « Le Point », 2/6/2016]

Certaines phrases dans notre corpus se prêtent particulièrement bien à la commutation par deux coordonnées (ex. 11 « ces services agissent dans le temps long *et prennent* garde à conserver un maximum de secret », phrase qui admet la réversibilité), et laissent parfois entrevoir la possibilité de concilier deux actions entre lesquelles pourrait surgir un conflit (ex. 12 « un menu qui maintient haut la barre de la diversité et du populaire *et en même temps souffle* sur les frontières » ; ex. 13 « mettre en place espaces de dialogue [...] dans les Quartiers Nord de Marseille *mais en même temps éviter* l'effet stigmatisant du zonage territorial ») :

11. Ceux-ci [les services antiterroristes] partagent une culture et des méthodes propres à combattre des réseaux structurés, pas des individus à la dérive : ces services agissent dans le temps long *en prenant* garde à conserver un maximum de secret. [*Attentat de Nice : pourquoi les services de renseignement sont démunis face à l' « économie collaborative du terrorisme »*, « L'Opinion », 17/7/2016]
12. Encore une découverte pour un menu qui maintient haut la barre de la diversité et du populaire *en soufflant* sur les frontières comme par magie. [*Les spectacles sont au coin de la rue à Paris*, « Le Monde », 29/07/2016]
13. Il faut remettre en action les services publics dans ces quartiers abandonnés, compenser les inégalités et les discriminations subies, mettre en place espaces de dialogue pour créer de l'activité durable dans les Quartiers Nord de Marseille *en évitant* l'effet stigmatisant du zonage territorial, soutenir la vie associative et les initiatives citoyennes victimes d'une double peine en raison des dérives énoncées lors du procès Andrieux ou les affaires Guérini. [*Marseille : en finir avec la prohibition du cannabis et l'état de guerre dans les cités*, « Libération », 5/11/2015]

Parfois une valeur concessive se manifeste nettement par l'usage de certains lexèmes ou expressions[94], comme *savoir* (ex. 14) et *limiter la casse* (ex. 15). Pour ce qui est du verbe *savoir*, il n'est pas sans intérêt de remarquer que le participe présent *sachant* (en fonction d'épithète détachée) est susceptible d'activer la même interprétation concessive (cf. *infra* par. 2.4.1, ex. 44–45), confirmant ainsi la convergence d'usages entre ce cas de figure du participe et le spectre sémantique du gérondif. Quant à la locution *limiter la casse*, qui signifie « limiter les dégâts » et au gérondif se trouve souvent précédée de *tout*, elle dépend ici d'une phrase nominale (« une défaite »), mais pourrait très bien suivre une phrase syntaxiquement complète, comme « la gauche perd (*en limitant* la casse) ».

14. Contre des ennemis, venus souvent de l'intérieur, que nous devrons savoir combattre sans relâche *en sachant* que l'affrontement sera terrible et long. [*Nous serons toujours debout !*, « Marianne », 16–25/11/2015]
15. Une progression sans triomphe pour la droite qui dirige sept régions, une défaite *en limitant* la casse pour la gauche avec cinq présidences et un FN qui échoue une fois encore au second tour. [*Régionales : la droite devance la gauche, le FN en échec*, « Le Figaro », 14/12/2015]

Ces exemples limite témoignent de l'affinité entre le gérondif de concomitance et la tournure *tout* + gérondif, qui est en mesure d'ajouter à la valeur de simultanéité celle de concession.

3.3.2.1.1 Tout + *gérondif*

Selon Halmøy (2003 : 101), ce tour correspond à l'une des configurations gérondives les plus anciennes du français et rentre parmi les cas de relation de concomitance à peine esquissée. Contrairement à cette dernière, l'adverbe *tout* peut se présenter en tête du syntagme gérondival dans les trois configurations possibles, frontale, intercalée et finale ;

94 Cf. Halmøy (2003 : 134) et Kleiber (2007a : 116). Cette éventualité d'une « valeur disjonctive (ou concessive) » du gérondif même en l'absence de *tout* est confirmée par Floquet *et al.* (2012 : 2149), ainsi que par Grevisse/Goosse (2016 : 1253, R2 par. 926), qui parlent d'une « nuance d'opposition [...] possible sans *tout* ».

utilisée notamment à l'écrit, cette structure peut intensifier la simultanéité (a., b.) ou véhiculer une valeur concessive (c., d.) :

a. Romancier, il obtint le prix Renaudot 1972 pour *La nuit américaine*. Scénariste-dialoguiste, en 1982 il devient cinéaste, *tout en poursuivant* son activité d'écrivain. (Halmøy 2003 : 136, sans indication de source)
b. À ses côtés, Jacques Chirac envoyait des baisers à la foule *tout en aplatissant* une mèche folle, dérangée par la brise. (« Marianne », dans Halmøy 2003 : 102)
c. *Tout en regrettant* de ne pas avoir obtenu de nouvelles informations au sujet de l'enquête sur le meurtre des quatre syndicalistes, le Comité a demandé au gouvernement de prendre urgemment des mesures. (« Le Monde », dans Halmøy 2008 : 57)
d. Les mères voudraient choisir comment elles travaillent : prendre un mi-temps (95% des mi-temps sont demandés par des mères de famille), *tout en sachant* que leur avancement va en pâtir. (« Le Nouvel Observateur », dans Halmøy 2003: 139)

Comme le gérondif simple, la construction avec *tout* est susceptible de prendre une valeur thématique en antéposition et rhématique en postposition sans que son emplacement ne soit contraignant par rapport à sa teneur informative. Car, au dire d'Halmøy, son étude « ressortit dans une grande mesure à la linguistique textuelle » (2003 : 126), seule capable de rendre compte de manière adéquate de son interprétation, puisque sa double possibilité sémantique (simultanéité et opposition) « peut sembler assez paradoxal[e] au premier abord » (2003 : 125)[95].

Dans notre corpus cette configuration gérondive atteint à peu près 9,2% avec 28 occurrences sur 302, dont la quasi-totalité (27) se trouve en postposition, avec 1 seul cas intercalé et aucun antéposé ; leur analyse confirme qu'il est impossible d'y démêler de manière nette la valeur de la seule simultanéité de celle exprimant la concession.

Les exemples qui paraissent relever davantage d'une pure indication de concomitance sont les deux suivants, dont le deuxième en phrase

95 Selon Grevisse/Goosse (2016: 1253), la spécificité de la combinaison entre *tout* et le gérondif est de souligner la simultanéité et l'effet « d'opposition » viendrait souvent du contexte.

indépendante comme pour suggérer un ajout après coup qui corrobore les motivations à la base de la décision du gouvernement grec :

1. Le redressement spectaculaire de l'économie française après 1945 [...] doit beaucoup à l'apport clé des missions de productivité aux États-Unis et plus encore du plan Marshall, qui servit de support au plan *tout en ouvrant* la voie à la création du grand marché européen, premier moteur de la croissance au cours des années 60. [*Un modèle à réinventer*, « Le Point », 2/6/2016]
2. Mais c'est la mise aux enchères des fréquences qui focalise l'attention. « Les quatre licences garantissent un environnement sain et des groupes de presse viables », a soutenu le Premier ministre, Aléxis Tsípras, dans un entretien à la chaîne privée Skai le 14 juillet. *Tout en soulignant* l'importance qu'accorde son gouvernement à la lutte contre la corruption et notamment aux relations entre le triangle politiques-médias-banques, appelé *diaploki* en grec. [*Grèce : les écrans remis à plat*, « Libération », 7/8/2016]

Dans la plupart des cas on ne peut ignorer l'émergence d'une interprétation concessive, liée à une idée de contradiction, aussi latente soit-elle : dans l'ex. 3 « un climat de défiance et de peur » s'instaure même si on ne vise pas à « la terreur de masse », mais à « l'attaque ciblée », et l'attribution de plus de pouvoir au gouvernement n'entraîne pas, comme on pourrait le craindre, « l'état de siège » ; dans l'ex. 4 un parcours de formation est envisagé en même temps qu'un emploi payé ; dans l'ex. 5 est développée la double tendance de la Belgique face au terrorisme, à savoir, comme l'annonce le titre de l'article, d'un côté la commémoration et le recueillement et de l'autre la lucidité et la recherche de la vérité :

3. Fraction armée rouge en Allemagne, Brigades rouges en Italie, Action directe en France : leurs actions ne visent pas à la terreur de masse, mais à l'attaque ciblée, *tout en instaurant* un climat de défiance et de peur. [...] Cela [l'état d'urgence] donne plus de pouvoir au gouvernement, *tout en évitant* l'état de siège, où le pouvoir de police est transféré de l'autorité civile au pouvoir militaire. [*Attentats en France : une longue histoire*, « L'Opinion », 16/11/2015]

4. Fondé sur la transmission d'un savoir-faire professionnel, l'apprentissage offre la possibilité de construire un cursus sur mesure *tout en bénéficiant* d'un contrat de travail et d'une rémunération [*L'artisanat, une voie sur mesure*, « L'Express », 1–7 juin 2016]
5. Un mois après les attentats de Bruxelles, la Belgique rendait hommage vendredi à ses 32 morts et à ses centaines de blessés *tout en voulant* tirer les leçons de ces attaques sans précédent dont plusieurs auteurs sont désormais sous les verrous. [*Un mois après les attentats, la Belgique entre enquêtes et recueillement*, « L'Express », 22/04/2016]

Halmøy (2003 : 138–139) tient à préciser qu'il est préférable de parler de « discordance » plutôt que de véritable opposition pour certains cas de *tout* + gérondif, et évoque le concept de « polyphonie » pour décrire l'introduction d'une voix qui refuserait l'idée communément acceptée d'une concordance entre les deux actions exprimées par la phrase complexe. Sans aller aussi loin dans l'interprétation sémantique, force est de constater que dans notre échantillon la valeur concessive caractérise la plupart des occurrences (avec gérondif lié ou non lié), sans que la lecture de simultanéité en soit annulée, sauf pour un cas, l'ex. 9, où manifestement l'action indiquée par la tournure gérondivale dénonce un décalage temporel (exprimé par la précision « quelques jours avant les attentats »). Les exemples suivants montrent bien la coexistence de la contemporanéité et de l'opposition : l'ex. 6 par le contraste lexical « contrôle »/« liberté », l'ex. 7, comportant deux occurrences, par la contradiction d'un côté entre la volonté risquée d'asséner des « coups fatals » et l'ambition de « minimiser nos pertes », et de l'autre entre l'intention de « diversifier » les actions et celle de les « coordonner » ; l'ex. 8 repose sur des connaissances partagées concernant la situation pénible qu'a traversée la Grèce à cause de la crise économique et de la réponse de l'UE pilotée par l'Allemagne (consistant en d'importantes mesures d'austérité pour permettre aux Grecs de rester dans l'UE, ainsi que dans l'interdiction d'en sortir), alors que l'ex. 9 met en évidence la volonté paradoxale de partir pour la Syrie et de trouver un travail en France. L'ex. 10, le seul en position intercalée, évoque l'idée d'un compromis entre les exigences de la laïcité et l'opportunité d'encadrer les relations avec l'islam.

6. La France défendrait une initiative « Terrorisme, réfugiés, frontières » avec une harmonisation de la législation, une politique de contrôle intérieur des frontières *tout en maintenant* la liberté de la circulation. [*L'Europe sans les Anglais*, « Le Point », 5/5/2016]
7. La victoire devra combiner une action sur plusieurs fronts : le plan militaire tout d'abord en portant le plus de coups fatals à Daech *tout en minimisant* nos pertes. [...] On n'échappera à la dialectique infernale qu'en diversifiant et en cloisonnant nos réactions, *tout en* les *coordonnant*. [*Sommes-nous en guerre ?*, « L'Obs », 16/11/2015]
8. Ce mélange de puissance et d'inquiétude conduit Berlin à s'imposer sous forme de diktats. Organisant l'étranglement de la Grèce *tout en lui interdisant* la sortie de l'euro. [*Derrière le bouc émissaire anglais, le problème allemand*, « Marianne », 17–30/06/2016]
9. « T'as pas compris, moi la Syrie, c'est bientôt », lui rétorqua celle qui fait la guerre dans sa tête, *tout en suppliant*, comme le révéla L'Obs, quelques jours avant les attentats, une association de réinsertion d'Aulnay-sous-Bois de retenir son profil pour un job dans la restauration rapide. [*Vie et mort d'une bande d'assassins*, « Le Point », 26/11/2015]
10. Dans sa tribune, Manuel Valls, *tout en refusant* « toute tentation néoconcordataire », qui « serait une insulte à la laïcité », juge qu'il faut « revoir certaines règles pour tarir les financements extérieurs et accroître en compensation les possibilités de levées de fonds en France ». [*Valls détaille le « pacte » qu'il veut construire avec l'islam de France*, « Le Monde », 31/07/2016]

Dans l'ex. 11 la dissonance est annoncée par l'usage détourné d'une expression idiomatique (« ménager la chèvre et le chou », soit « ménager des intérêts contradictoires »), dans le 12 elle réside dans la contradiction entre la haine des « mécréants » de la part de Brahim Abdeslam et son comportement très « occidental », alors que dans le 13 il y a un contraste pragmatiquement évident entre les deux actions énoncées (« prendre le maximum de vitesse » et « garder le contrôle du véhicule »). Dans les trois cas il est à noter que la prédication sur laquelle se greffe la construction *tout* + gérondif est un participe présent épithète détachée (*sanctionnant*, *maudissant*, *prenant*), qui pourrait très bien commuter avec un gérondif (respectivement d'équivalence, de concomitance et de moyen), sans doute évité pour des raisons euphoniques, vu la proximité des occurrences) :

11. Au nom de l'unité des Républicains, Sarkozy a d'abord ménagé la chèvre humaniste et le chou réactionnaire, sanctionnant Nadine Morano pour ses propos sur « la race blanche » *tout en promettant* de revenir sur le mariage pour tous. [*Régionales 2015 : le grand perdant, c'est Sarkozy,* « L'Express », 14/12/2015]
12. Ces mêmes vidéos que Brahim Abdeslam regardait en boucle toute la journée derrière le comptoir de son café de la rue des Béguines, maudissant les « mécréants » *tout en fumant* des joints et *en servant* de la bière. [*L'armée souterraine de Daech*, « L'Obs », 31/03/2016]
13. Mohamed Lahouaiej Boulhel [...] était membre de l'armée du crime qui a entendu l'appel de Daech à « utiliser [...] un camion comme une tondeuse à gazon » et à aller « dans les endroits les plus densément peuplés » pour, prenant le maximum de vitesse *tout en gardant* le contrôle du véhicule », y « maximiser le carnage » et « prévoir des armes à feu » pour, une fois le « camion immobilisé », achever les survivants. [*Cinq erreurs à (essayer de) ne plus commettre après la tuerie de Nice*, « Le Point », 21/7/2016]

La tournure en question connaît des usages en phrase indépendante avec un effet de mise en relief : dans l'ex. 14 elle souligne une réaction inattendue, après l'attitude conciliante de Sarkozy, alors que dans l'ex. 15 elle sert de pivot entre deux phrases qui dépeignent deux attitudes contradictoires mais coexistantes chez Valls, l' « impuissance » et la « détermination ». Dans les deux cas une paraphrase avec un verbe à un mode fini introduit par « Mais en même temps » serait possible (« Mais en même temps il demande » ; « Mais en même temps il essaie ») :

14. Dans un premier temps, le patron des députés LR Christian Jacob, annonce son opposition à la réforme constitutionnelle, au risque de passer aux yeux de l'opinion pour un élément de blocage. Flairant le piège, Nicolas Sarkozy se montre plus conciliant et n'exclut pas un soutien. *Tout en demandant* aux députés de droite d'exposer leurs vues. [*Les jours qui ont fait basculer le quinquennat*, « Le Figaro », 20/11/2015]

15. Dans un aveu d'impuissance, Manuel Valls ne cache pas [...] que de nouvelles attaques sont probables : « C'est difficile à dire, mais d'autres vies seront fauchées ». *Tout en essayant* d'atténuer encore le scepticisme croissant des Français sur la lutte contre le terrorisme. « Chacun connaît ma détermination, l'autorité est pour moi une valeur essentielle. Mais remettre en cause l'État de droit, remettre en cause nos valeurs serait le plus grand renoncement », plaide le Premier ministre, qui défendra mercredi un nouveau prolongement de l'état d'urgence. [*Terrorisme. Le doute s'installe*, « L'Opinion », 18/7/2016]

Le dernier exemple que nous avons retenu contient le seul cas de *tout* + gérondif composé, qui se présente de surcroît à la forme négative :

16. Marwan Muhammad, le directeur du Collectif contre l'islamophobie en France (CCIF), a quant à lui confirmé que ces femmes ont saisi le CCIF *tout en n'ayant pas encore décidé* si elles allaient porter plainte ou non. [*Un restaurateur refuse de servir deux femmes voilées*, « Libération », 28/8/2016].

Nous pouvons par conséquent attester que la forme accomplie du gérondif existe, quoiqu'elle soit rare, comme le souligne Arnavielle (2003b : 44) en commentant également des exemples tirés de la presse : il explique cette désaffection par la présence de *en*, qui emphatiserait la valeur sécante du gérondif et rendrait mal aisée l'expression de l'accomplissement[96]. De même, cet exemple confirme la possibilité d'avoir un gérondif négatif, toute « relativement peu fréquente » qu'elle soit (Halmøy 2003 : 148)[97].

96 À distance de quelques années, Arnavielle (2010b : 239) dit avoir réuni « un corpus important » et souligne « le développement historique récent, qui reste sous-estimé, du 'gérondif composé' », qui appuierait « un rapprochement gérondif-participe ». Peu de grammairiens et linguistes recensent cet usage ou prévoient cette possibilité. Chevalier *et al.* (2002 : 374) affirment carrément que « le gérondif ne possède pas de forme composée » ; Riegel *et al.* (2016) n'abordent même pas la question ; Grevisse/Goosse (2016 : 1254) attestent l'existence d'un « gérondif passé », bien que « peu courant », pour marquer l'antériorité.

97 Plus récemment, Escoubas-Benveniste (2013 : 12) constate la présence du gérondif négatif à l'écrit (dans un corpus de presse), « même si la proportion reste très faible ».

3.3.2.2 Gérondifs B' (manière)

Le plus souvent liés, mais possibles en détachement aussi, ces gérondifs ne font qu'exprimer une seule action avec le verbe régissant, dont ils précisent simplement une modalité ou manière particulière, dans une « relation d'hyponymie » (Halmøy 2003 : 104). Les deux verbes présents dans la configuration gérondive sont par conséquent sémantiquement apparentés, ce qui n'est pas sans donner un effet de redondance. Cette construction est particulièrement fréquente en relation avec un verbe de dire (ex. a : *bafouiller* est une manière de *répondre*), souvent dans les incises, ou avec un verbe de mouvement (ex. b : *courir* est une manière pour *rejoindre* quelqu'un) :

a. Elle répondit *en bafouillant* que c'était la fille d'une ancienne voisine. (Halmøy 2003 : 104, sans indication de source)
b. Le petit les rejoignit *en courant* (Duras, ouvrage non précisé, dans Halmøy 2003 : 105).

Dans notre corpus les cas retombant dans cette catégorie sont très peu nombreux (5 en tout sur 302, ce qui donne le faible pourcentage de 1,6%), et aucun ne se trouve en incise. Un passage consacré au récit des événements du Bataclan de la part d'un témoin contient deux gérondifs renvoyant à la situation prototypique évoquée ci-dessus, où le gérondif spécifie la modalité d'accomplissement d'un verbe dénotant un déplacement (ex. 1 « est passée [...] *en courant* », « revient [...] *en tremblant* ») :

1. « Il [un terroriste] avait sa kalachnikov en bandoulière, elle était pointée vers moi. Au même moment, une femme est passée entre nous *en courant* : elle a pris les balles ». [...] Quand il [le témoin] revient sur les lieux, moins de quarante-huit heures après, « sans savoir pourquoi, attiré inconsciemment », c'est *en tremblant* et « avec l'envie de vomir ». [*13 Novembre, réparer les survivants*, « Libération », 14/2/2016]

Contrairement à ce qui se passe pour de nombreux gérondifs de manière, qui, selon Kleiber, « apparaissent comme des actions secondaires qui peuvent survenir pendant le déroulement de l'action donnée comme principale » (2011 : 129), dans l'ex. 1 la construction focalisée de la seconde phrase (« Quand il revient [...] c'est *en tremblant* ») renverse la hiérarchie pour augmenter l'impact émotif et met exactement en exergue la manière dont le témoin choqué fait son retour sur les lieux de l'attentat, ce qui confirme encore une fois l'importance de visualiser les actions dénotées par les verbes dans le contexte pour bien comprendre leur portée.

Deux autres cas dans notre corpus exemplifient efficacement le lien hyponymique de ce type de gérondif avec l'action indiquée par le verbe régissant, le premier en isolant une manière de la réaliser (ex. 2 : on peut prêcher en faisant du porte-à-porte), le second de façon ouvertement redondante (ex. 3 : *décapiter* implique en soi l'idée de tuer quelqu'un et précise la modalité utilisée) :

2. Aucun n'a eu de pratiques « communautaires » : assurer des repas de fin de ramadan, prêcher dans les mosquées, dans la rue *en faisant* du porte-à-porte. [*Le djihadisme est une révolte générationnelle et nihiliste*, « Le Monde », 24/11/2015]
3. Il y eut ainsi en avril 2015 Sid Ahmed Ghlam, qui projetait de s'en prendre à une église de Villejuif, puis quelques mois plus tard Yassin Salhi, qui tue son patron *en le décapitant*, une première en France, avant d'exhiber sa tête accrochée à un grillage sous un drapeau de Daech. [*Le renseignement face aux « zombies du terrorisme »*, « Le Point », 21/7/2016]

Le dernier cas que nous avons isolé dans notre corpus est moins aisé à inscrire définitivement dans cette catégorie (ex. 4). Après réflexion, il nous semble toutefois que l'interprétation de manière est la plus plausible, « ces leaders qui [...] viennent à nous *en représentant* un parti politique » étant paraphrasable par « ces leaders qui s'adressent à nous *en tant que représentants* d'un parti politique », comme le précise la suite (« Nous ne suivrons aucun leader qui se réclamera de partis politiques ») ; se présenter comme porte-parole d'un parti politique peut être par conséquent assimilé à une manière de se présenter à quelqu'un :

4. Écoutons ce que proclamait Malcolm X, il y a environ un demi-siècle : « Nous les masses noires, ne voulons pas de ces leaders qui cherchent notre soutien et viennent à nous *en représentant* un parti politique. Ils doivent venir vers nous en tant que leaders noirs *représentant* le bien-être des noirs. Nous ne suivrons aucun leader

qui se réclamera de partis politiques. Les deux partis (démocrate et républicain) sont contrôlés par les mêmes personnes qui ont abusé de nos droits et qui nous ont trompés avec des fausses promesses à chaque fois qu'approchaient des élections ». [*La lutte antiraciste n'est pas un « privilège blanc »*, « Le Monde », 13/11/2015]

Ce passage nous permet de gloser les effets de l'alternance de participe présent et gérondif à partir d'un même verbe : le locuteur rapproche deux affirmations par l'emploi de *représenter*, en le conjuguant dans les deux modes pour marquer la différence entre les deux concepts rapprochés (« ces leaders qui [...] viennent à nous *en représentant* un parti politique. Ils doivent venir vers nous en tant que leaders noirs *représentant* le bien-être des noirs »). Avec le gérondif il nous paraît qu'il ressort l'idée d'une union coextensive, simultanée, mais de nature occasionnelle, circonstancielle, avec les « leaders », alors que le participe présent (épithète liée, avec valeur restrictive) suggère une union consubstancielle, une concomitance inhérente et non fortuite. Autrement dit, reprenant les critères avancés pour distinguer les deux modes en cas de concurrence (cf. *infra*, par. 2.4.), cette différence d'usage pourrait s'expliquer en termes de focalisation, puisque le participe présent paraît porter davantage sur le référent nominal et posséder un pouvoir de caractérisation plus solide, tandis que la portée du gérondif investit la prédication première dans son ensemble.

3.3.3 Gérondif de fausse concomitance ou de « contiguïté temporelle »

Parfois la simultanéité à la base des gérondifs dits de concomitance n'est que partielle et il vaudrait mieux parler, avec Kleiber (2007a : 112), de « contiguïté temporelle » ou « recouvrement partiel » entre les deux actions impliquées dans le verbe régissant et le syntagme gérondival, ou encore, avec Rihs (2009 : 211), de « simultanéité assouplie »[98] :

98 Rihs (2009 : 203) explique des cas d'apparente contiguïté par « une conception assouplie des rapports de simultanéité, où ce n'est pas l'événement au gérondif *stricto sensu* qui est simultané à l'événement du verbe fléchi, mais son état résultant ». Il resterait ainsi « une forme de simultanéité, fondée sur l'extension de la dénotation littérale d'un des prédicats en jeu » (Rihs 2010 : 223–224).

a. *En apprenant* ces nouvelles, le roi décida de convoquer ses barons. (Gettrup 1977 : 229, repris par Kleiber 2007a : 112).
b. *En atteignant* la promenade du bord de mer, ils hésitèrent. (Gettrup 1977 : 229, repris par Kleiber 2007a : 112).

Arnavielle (2003b : 51) aussi prévoit la possibilité d'un gérondif non simultané au verbe régissant, un « gérondif situationnel » qui peut signaler un procès antérieur (comme dans a. et b. ci-dessus ou dans le gérondif de condition, cf. *infra*, par. 3.3.1.2.2) ou même postérieur par rapport au verbe dont il dépend :

c. *En arrivant* au sommet du col, tu auras parcouru 17 kilomètres.

Dans notre corpus nous avons recensé 17 gérondifs pour cette catégorie de la contiguïté temporelle non explicitement prévue par Halmøy, soit 5,6% du total ; détachés ou liés, ils sont tous postposés et reflètent ainsi une position iconique suggérant l'idée d'une successivité temporelle. Cette « condition d'adjacence » (Kleiber 2009b : 17)[99] est particulièrement claire quand il s'agit d'un usage discursif du gérondif, censé indiquer quelque chose qui a été forcément dit après le verbe régissant (qui est aussi un verbe de dire), les deux énoncés ne pouvant pas se superposer, comme le montrent les exemples de 1 à 10 (tous articulés autour de verbes de dire, tant dans le verbe régissant que dans le syntagme gérondival : *assurer, ajouter, indiquer, préciser, promettre, estimer, féliciter, (r)appeler, préconiser, proposer, répondre, discuter, expliquer, noter*)[100]. Ces gérondifs fonctionnent par conséquent « comme des marqueurs de discours rapporté soit indirectement […] soit directement » (Escoubas-Benveniste 2013 : 21) et, sans surprise, se retrouvent condensés dans des articles relatant plusieurs témoignages et points de vue, comme dans les ex. 1 et 2 :

1. « Nous soutenons les mesures d'exception décidées, a assuré le premier secrétaire du PS Jean-Christophe Cambadélis *en ajoutant* : elles en appellent d'autres. » […] « C'est un acte de guerre et face

99 Kleiber précise que « les deux procès n'ont pas besoin de se "recouvrir" partiellement ou totalement, mais ils ne peuvent pas être disjoints temporellement ».

100 Fait exception seulement *renvoyer* vers la fin de l'ex. 2, bien qu'il soit à entendre comme une brachylogie du type : « en déclarant qu'il renvoyait ».

à la guerre, le pays doit prendre les décisions appropriées », a-t-il indiqué *en précisant* que cet « acte de guerre » avait été « préparé, organisé, planifié de l'extérieur et avec des complicités intérieures ». [...] « Nous répondrons coup pour coup », a-t-il [Manuel Valls] dit. « Avec la volonté de détruire », a-t-il ajouté, *en promettant* de « gagner cette guerre » que la France mène contre l'État islamique sur son territoire et à l'extérieur. « Nous anéantirons le terrorisme », a-t-il ajouté *en indiquant* que la France expulserait « des imams radicalisés qui prêchent la violence » et procéderait à la déchéance de nationalité de « ceux qui bafouent l'âme de la France ». [*Hollande à nouveau confronté à « l'horreur » du terrorisme*, « Le Figaro », 15/11/2015]

2. « Nous devons reconquérir nos électeurs avec des valeurs de droite répondant à la crise sociale et identitaire, et proposer, en 2017, une alternance crédible », a estimé Éric Ciotti, *en félicitant* en bloc les sept têtes de liste LR-UDI-MoDem, sans mention particulière pour Christian Estrosi. [...] Qualifiant la hausse de près de dix points de la mobilisation de « signe de bonne santé de notre démocratie », il [Alain Juppé] a néanmoins pris soin d'appeler les Républicains à éviter les affrontements de ligne *en préconisant* : « Ne nous lançons pas dans un débat vain pour savoir si notre positionnement a été trop à droite ou pas assez, trop au centre ou pas assez. » [...] « La primaire aura lieu, je m'y suis engagé », s'est borné à rappeler le président des Républicains dans son interview au *Figaro* vendredi, *en renvoyant* la question du calendrier et des modalités à la Haute Autorité chargée de contrôler l'élection, mais *en proposant* de trancher le débat sur la « ligne » dès février. [*Pas de vague bleue pour les Républicains mais une victoire quand même*, « Le Figaro », 14/12/2015]
3. C'est un point très important pour expliquer, sinon justifier, une guerre qui a tout de même débuté avec nos bombardements. Oui, disent nos adversaires, la guerre est terrible. Pourquoi le serait-elle plus pour vous que pour nous, et que valent nos attentats contre vos bombes ? C'est à cette question qu'il faut savoir désormais répondre, *en rappelant* que tout le monde – y compris les Américains ! – a souhaité l'élimination de Bachar al-Assad. [*Face aux assassins*, « L'Obs », 16/11/2015]

4. Il [Wolfang Schäuble, le ministre des finances allemand] est donc allé discuter avec les patrons de la Chambre de commerce britannique réunis à Carpenters' Hall *en* leur *expliquant* [...] qu'un départ des Britanniques serait une catastrophe pour les Allemands et que Berlin a besoin de Londres. [*L'Europe sans les Anglais*, « Le Point », 5/5/2016]
5. « À Davos, Macron triomphe et Valls fait un fiasco. À Paris, Hollande s'amuse du spectacle », notait, sur atlantico.fr, Jean-Marc Sylvestre, *en précisant* même que Valls avait retardé son départ afin d'assister à un dîner de chefs d'entreprise organisé par ... Macron. [*Valls atteint par le «syndrome de Davos»*, « Marianne », 27/5/2016–2/6/2016]
6. Dans votre discours, vous avez appelé la France « à faire bloc », *en* leur *assurant* que « l'exécutif ne céderait pas face à une guerre que le terrorisme nous livre ». [*Un big-bang politique s'impose de toute urgence : lettre à François Hollande*, « Marianne », 27/07/2016]

Kleiber (2007c : 113) conteste que ce genre d'exemples, quoique fréquent, puisse constituer « un argument valide pour conclure à l'existence de gérondif de postériorité », soutenant que même dans le cas d'un lexème exprimant clairement une addition (comme *ajouter* ; v. ex. 1 ci-dessus) on peut toujours parler d' « une partie (rajoutée certes), mais partie quand même du dire du locuteur »[101].

Pourtant parfois c'est pour des raisons logiques émergeant de nos connaissances du monde que l'idée de successivité entre les deux actions est évidente (ex. 7 : on ne peut vider le contenu d'une peluche qu'après l'avoir ouverte ; ex. 8 : on ne peut frapper des cadavres qu'après avoir tué) :

7. Pris d'un coup de folie, il avait déféqué sur le lit de sa fille, « lacéré une peluche de ses enfants à coups de couteau » *en* en *vidant* le contenu, et menaçait de se jeter sur sa femme. [...] [*La radicalisation d'un psychopathe*, « L'Obs », 21/07/2016]

101 Kleiber conteste notamment l'intuition de Zanola (1999 : 379), qui parle déjà clairement, tant pour le participe présent que pour le gérondif, d'une valeur de postériorité, où le verbe indique « une action qui suit l'action de la principale ». L'exemple donné par Zanola (*en ajoutant*) recouvre ceux reliés à un usage discursif.

8. Le lendemain de la tuerie du Bataclan, les boulangers découvrent que la personne qui a garé la Polo noire devant la salle de spectacle, abattu les vigiles dans le hall, vidé toutes les munitions de sa kalachnikov sur les spectateurs du concert *en tapant* de sa crosse les 89 cadavres pour s'assurer qu'ils ne feignaient pas la mort pour retenir la vie, c'était le gentil Mostefaï. [*Vie et mort d'une bande d'assassins*, « Le Point », 26/11/2015]

Contrairement à ce que disent la plupart des spécialistes du gérondif pour qui ce dernier ne peut jamais établir une relation de conséquence, certains emplois semblent suggérer cet effet de postériorité logique consenti par un recouvrement temporel partiel et bafouer « l'impossibilité d'avoir des gérondifs – 'résultats' » (Kleiber 2009b : 17). Ces gérondifs pourraient être paraphrasés comme suit : ex. 9 « et donc ne faire que des mécontents » ; ex. 10 « et inventent ainsi » ; 11 « et par conséquent n'avait pas recouru », cas qui contient l'un des rares gérondifs négatifs que nous avons recueillis) :

9. Le gouvernement doit choisir : garder le texte et passer en force, *en ne faisant* que des mécontents, ou retirer le texte et perdre la face [*Retirer la loi, ou presque*, « L'Express », 30/05/2016].
10. Les exploits et les souvenirs de ce festival se télescopent régulièrement insolite *en inventant* un programme toujours solide et excitant. [*Les spectacles sont au coin de la rue à Paris*, « Le Monde », 29/07/2016]
11. Voilà pourquoi se féliciter de l'affaiblissement du syndicalisme, jouer une confédération contre une autre, rechercher le coup de force comme le fit, jadis, Thatcher, est d'une bêtise crasse. S'il y a un domaine – un seul – où l'utilisation du 49.3 revient à jouer aux allumettes dans une poudrière, c'est bien celui-ci. Même un Nicolas Sarkozy avait compris cette évidence lors de la réforme des retraites *en ne recourant pas* à ce subterfuge institutionnel. Eh oui, même lui… [*Du vide de l'autorité et du trop-plein de colère*, « Marianne », 27/5/2016]

L'explication donnée par Kleiber (2007c : 119) pour ces configurations n'est pas totalement convaincante (« en cas de relation cause-effet, de condition-conséquence, etc, ce sont toujours la cause et la condition qui apparaissent comme étant les circonstances de l'effet et de la conséquence et non l'inverse ») et n'éclaircit pas la possibilité de concilier la simultanéité ou au maximum l'adjacence temporelle traditionnellement attribuée au gérondif avec des effets de sens visant clairement à la postériorité. Si au début la position de Kleiber excluait résolument cette éventualité, plus récemment elle s'est ouverte à sa prise en compte, admettant l'existence de « cas récalcitrants, que l'on ne peut placer sous le chapeau de la simultanéité temporelle, même avec de subtiles procédures d'accommodations pragmatiques » (Kleiber 2018 : 148), comme celles pratiquées par Rihs (2013). Il en vient à nuancer ses affirmations précédentes et à revoir ces certitudes quant à la « quasi-impossibilité [...] d'avoir un gérondif de consécutivité temporelle ou logique » (Kleiber 2018 : 151) ; il admet « certains cas (très rares) » où « semble néanmoins affleurer la 'postériorité' » (Kleiber 2018 : 151, note 21) :

d. Le volcan explosa *en faisant* couler une lave de feu sur ses versants (communication personnelle de Marcel Vuillaume) ;
e. Il mourut *en laissant* derrière lui deux orphelins (Green, cité par Hellqvist, 2013) ;
f. Il se mit en marche vers le lit, *en renversant* derrière lui le tabouret sur lequel il s'était machinalement assis (Magnan, cité par Hellqvist, 2013)[102].

Bien que Kleiber (2018 : 156, note 23) ajoute des bémols à cette interprétation de postériorité en cherchant à l'apparenter à « la manière » (explication à notre sens peu recevable)[103], les exemples qu'il rapporte ne permettent pas d'ambiguïté et cautionnent l'idée que le gérondif puisse se projeter vers la successivité.

Le consensus autour de cette « prétendue inaptitude » du gérondif « à dénoter un procès temporellement ou logiquement postérieur de

102 Kleiber (2018) se réfère à un poster de B. Hellqvist, *Le gérondif et la postériorité*, présenté au XXVIIe Congrès International de Linguistique et de Philologie Romanes (juillet 2013, Nancy). Les exemples cités ont été repris dans Hellqvist (2017).

103 Cf. Hellqvist (2017) pour une discussion de certains gérondifs pouvant exprimer une « manière conséquentielle », où le procès représenté par le gérondif est le résultat d'une manière particulière de réaliser le procès présenté par le verbe régissant, comme l'ex. f cité ci-dessus.

conséquence » (Hellqvist 2017 : 106) est dernièrement de plus en plus remis en question et cela commence à avoir un reflet non seulement dans les études spécifiques, mais aussi dans quelques grammaires[104]. D'autres études, de nature éminemment quantitative, recensent des cas qui, par le contexte ou le sémantisme des verbes impliqués, contreviennent « à la règle selon laquelle l'action exprimée par le gérondif ne peut pas être postérieure à l'action exprimée par le verbe défini » (Floquet *et al.* 2012 : 2148), imposant une interprétation « comme procès consécutif [...] ou comme finalité [...] par rapport au procès principal » (Escoubas-Benveniste 2013 : 21).

Avant de clore cette rubrique qui s'avère prometteuse de développements, nous retenons l'hypothèse formulée par Hellqvist (2017 : 113, note 6), sur la base d'une suggestion d'Halmøy, selon laquelle ces « gérondifs-conséquences » seraient « le résultat d'une 'contamination' de l'emploi du participe présent »[105] dans sa fonction d'épithète détachée postposée (cf. *infra*, par. 2.4.1). Bien que les conditions de cette 'osmose' de valeurs ne soient pas clarifiées, nous pouvons confirmer par nos exemples que la commutation par un participe présent, précédé d'une virgule, est toujours possible.

104 Riegel *et al.* (2016 : 592) empruntent un exemple repris par Kleiber pour affirmer que le gérondif peut indiquer un procès non seulement simultané ou antérieur par rapport au verbe principal, mais « parfois même postérieur ». Notons au passage que les auteurs renvoient à « Kleiber (2015) », alors que cette référence est absente dans leur bibliographie finale et qu'il s'agit en réalité d'une communication à colloque publiée successivement, Kleiber (2018).

105 Cette idée provient d'une communication personnelle entre les deux chercheuses.

4. Conclusion

Notre parcours à travers les emplois des deux formes verbales en *-ant* dans la presse française contemporaine confirme tout l'avantage de les cerner de perspectives conjointes, pour multiplier les ressources aptes à rendre compte de leur plasticité d'usage, et surtout d'opérer un passage de la phrase au texte dans leur appréhension pour mieux déterminer leur rôle pragmatique et leur interprétation dans la pluralité de manifestations qui les caractérisent. La métaphore du caméléon utilisée à maintes reprises par des tenants d'approches divergentes illustre bien le caractère fuyant et polyédrique reconnu aux modes en question et explique l'intérêt qu'ils peuvent susciter chez les linguistes d'une part, et les enseignants et les étudiants d'autre part.

En termes quantitatifs, nos résultats recoupent ceux d'Escoubas-Benveniste (2013 : 8), qui attestent une nette supériorité des formes participiales par rapport aux gérondivales dans l'écrit de la presse (ses données révèlent un rapport de 2,4 : 1, les nôtres de 2,1 : 1), différence qui se creuse encore davantage si on prend en considération les respectives formes composées. Dans la presse on aurait par conséquent une proportion contrastant avec la tendance générale qui voit « la domination nette, dans l'usage courant, du gérondif [...] sur le participe » (Arnavielle 2010a : 20), ce qui s'accentue dans des contextes informels (Floquet 2013 : 306–307) et à l'oral (Escoubas-Benveniste 2013 : 3).

En termes qualitatifs, nos conclusions rejoignent celles des principaux spécialistes de ce domaine verbal en ce qui concerne la grande diffusion de certaines configurations dans la presse, telles que le participe présent épithète liée (cf. *infra*, par. 2.3) et le gérondif de moyen (cf. *infra*, par. 3.3.1.2.3), tout en mettant en évidence des usages moins répertoriés en passe de devenir très courants (c'est notamment le cas du gérondif d'inclusion ou équivalence, cf. *infra*, par. 3.3.1.3). Il reste à approfondir quelques pistes émergeant de nos recherches, comme l'effective attestation et l'emploi de formes moins représentées (le gérondif composé ou négatif), ou totalement absentes dans notre corpus bien qu'envisagées par d'aucuns (le participe présent attribut du sujet, cf. *infra*, par. 2.4.1.1) ou en voie d'expansion (le participe présent précédé de *comme*, cf. *infra*, par. 2.7 ; le gérondif suggérant la postériorité, cf. *infra*, par. 3.3.3). Il serait également intéressant de creuser l'analyse dans la direction de la fonction argumentative que peuvent revêtir les deux formes en *–ant*, notamment en phrase indépendante, ce qui, à notre connaissance, n'a guère été effleuré dans les travaux sur les ressources de l'argumentation.

Il va de soi, en outre, que l'extension de l'étude à d'autres genres (littérature, textes de spécialité) ou à d'autres axes de variation (comme le diamésique et le diaphasique) amènerait à des résultats enrichissants pour avoir un cadre plus complet des valeurs et des conditions d'usage et d'alternance des deux modes verbaux concernés.

D'autres perspectives sont praticables qui ouvrent sur des applications interdisciplinaires : premièrement, à l'intérieur de la didactique des langues, vu que tout enseignant de Fle connaît la difficulté d'expliquer la spécificité des formes en *-ant* face à l'insuffisance des descriptions qui les accompagnent dans les manuels destinés aux étudiants (cf. Giacomelli Deslex 1987 : 19 ; Halmoy 2003 : 5; Havu/Pierrard 2005 : 61 ; Nannoni 2014 : 130) ; deuxièmement, dans le domaine de la traduction, puisque la vitalité de ces deux formes échappe à toute schématisation de linguistique contrastive et ne permet pas la proposition de correspondances toutes faites.

Nos conclusions nous amènent à souscrire totalement aux propos exprimés par Riegel *et al.* (2016 : XXXIII) en ouverture à la dernière édition de leur ouvrage :

> En grammaire comme ailleurs, les analyses ne sont jamais achevées ni les réponses définitives. Au contraire, l'histoire récente de la linguistique montre que le savoir grammatical reste en perpétuelle construction, sujet à révisions et toujours ouvert sur de nouveaux horizons et de nouvelles découvertes.

Par ce travail, nous souhaitons avoir contribué à éclaircir les principaux usages du participe présent et du gérondif dans le texte journalistique contemporain, tout en permettant de nouveaux départs et des rebondissements dans les directions que nous avons esquissées.

Bibliographie

Arnavielle, Teddy 1997. *Le Morphème –ant : unité et diversité : étude historique et théorique*. Louvain-Paris : Peeters.

Arnavielle, Teddy 1999. Typologie textuelle et participe présent : données et perspectives, *Travaux de didactique du Français langue étrangère*. 41, 5–14.

Arnavielle, Teddy 2003a. Présentation : Participe présent et gérondif. *Langages*. 1/149, numéro spécial *Participe présent et gérondif*, 3–5.

Arnavielle, Teddy 2003b. Le participe, les formes en –ant : positions et propositions. *Langages*. 1/149, numéro spécial *Participe présent et gérondif*, 37–54.

Arnavielle, Teddy 2007. Observations particulières, sur les formes en –*ant*, et, accessoirement, générales, sur les parties du discours, dans quelques grammaires françaises et romanes du XIXe et du XXe siècle. In D. Trotter (éd.) *Actes du XXIVe Congrès de Linguistique et Philologie romanes, Aberystwyth, Wales, 2004*. Tübingen : Niemeyer, 99–105.

Arnavielle, Teddy 2010a. Le gérondif français : nouvelle définition d'un objet étrange. *Les Cahiers de L'AFLS*. 16, 6–24.

Arnavielle, Teddy 2010b. La forme en *–ant* : unité d'abord. *Revue de langues romanes*. CXIV/1, 229–241.

Brunot, Ferdinand 1966. *Histoire de la langue française des origines à nos jours*. T. VI : *Le XVIIIe siècle*. Paris : Colin.

Chevalier, Jean-Claude *et al.* 2002. *Grammaire Larousse du français contemporain*. Paris : Larousse.

Cuniță, Alexandra 2011. « C'est en chantant que des muets ont retrouvé l'usage de la parole ». Nouveaux regards sur le gérondif. *Studii de lingvistică*. 1, 65–83.

Damourette, Jacques / Pichon Édouard 1983 [1911–1940]. *Des mots à la pensée. Essai de grammaire de la langue française*. 7 tomes. Genève-Paris : Slatkine Reprints.

Eriksson, Olof. 2010. Le participe présent en français et en suédois : essai de typologie contrastive. *Cahiers Sens public*. 1/13–14, 101–115.

Escoubas-Benveniste, Marie-Pierre. 2013. Usages du gérondif et du participe présent en français parlé et écrit : étude comparée basée sur corpus. *TIPA. Travaux interdisciplinaires sur la parole et le langage*. 29, 1–33.

Floquet, Oreste *et al.* (éds.) 2012. Sur le gérondif dans le français parlé et écrit. In Neveu, Franck *et al.* (éds.) *Actes du III*[e] *Congrès Mondial de Linguistique française*, EDP Sciences, 2142–2154.

Floquet, Oreste 2013. Participe présent et gérondif alternant dans un même contexte : une enquête par questionnaire. In A. M. Scaiola (éd.) *Un'idea di Francia. Scritti per Gianfranco Rubino*. Manziana : Vecchiarelli, 301–307.

Gettrup, Harald 1977. Le gérondif, le participe présent et la notion de repère temporel. *Revue Romane*. XII/2, 210–271.

Giacomelli Deslex, Marcella 1987[2]. *Le participe présent, l'adjectif verbal, le gérondif, le subjonctif*. Torino : Tirrenia.

Glatigny, Michel 1969. R.-L. Wagner, J. Pinchon. Grammaire du français classique et moderne. *Langue française*. 1/1, 93–95 <http://www.persee.fr/web/revues/home/prescript/article/lfr_0023-8368_1969_num_1_1_5404> (consulté le 16/04/2018).

Grevisse, Maurice / Goosse André 2016[16] [1936[1]]. *Le bon usage*. Louvain-La-Neuve, De Boeck Supérieur.

Guillaume, Gustave 1984 [1929[1]]. *Temps et verbe. Théorie des aspects, des modes et des temps*, suivi de *l'Architectonique du temps dans les langues classiques*. Paris : Champion.

Guillaume, Gustave 1987a. Leçon du 15 novembre 1945, série A, *Leçons de linguistique de Gustave Guillaume, 1945–1946, série A, Esquisse d'une grammaire descriptive de la langue française* IV, publiées sous la direction de R. Valin, W. Hirtle et A. Joly, Québec : Presses de l'Université Laval, et Lille : Presses Universitaires de Lille, 1–7. <http://nlip.pcu.ac.kr/gustave/> (consulté le 16/4/2018)

Guillaume, Gustave 1987b. Leçon du 22 novembre 1945, *Leçons de linguistique de Gustave Guillaume, 1945–1946, série A,* in Valin, Roch *et al.* (éds) *Esquisse d'une grammaire descriptive de la langue française* IV, Québec : Presses de l'Université Laval, et Lille : Presses Universitaires de Lille, 9–17 <http://nlip.pcu.ac.kr/gustave/> (consulté le 16/4/2018)

Guillaume, Gustave 1987c. Leçon du 6 décembre 1945, série A, *Leçons de linguistique de Gustave Guillaume, 1945–1946, série A,* in Valin, Roch *et al.* (éds) *Esquisse d'une grammaire descriptive de la langue française* IV, Québec : Presses de l'Université Laval, et Lille : Presses Universitaires de Lille pp. 19–26. <http://nlip.pcu.ac.kr/gustave/> (consulté le 16/4/2018)

Guillaume, Gustave 1987d. Leçon du 20 décembre 1945, série A, *Leçons de linguistique de Gustave Guillaume, 1945–1946, série A,* in Valin, Roch *et al.* (éds) *Esquisse d'une grammaire descriptive de la langue française* IV, Québec : Presses de l'Université Laval, et Lille : Presses Universitaires de Lille, 35–43 <http://nlip.pcu.ac.kr/gustave/> (consulté le 16/4/2018)

Guillaume, Gustave 1987e. Leçon du 31 janvier 1946, *Leçons de linguistique de Gustave Guillaume, 1945–1946, série A,* in Valin, Roch *et al.* (éds) *Esquisse d'une grammaire descriptive de la langue française* IV, Québec : Presses de l'Université Laval, et Lille : Presses Universitaires de Lille, 91–98 <http://nlip.pcu.ac.kr/gustave/> (consulté le 16/4/2018)

Guillaume, Gustave 1987f. Leçon du 7 février 1946, *Leçons de linguistique de Gustave Guillaume, 1945–1946, série A* in Valin, Roch *et al.* (éds) *Esquisse d'une grammaire descriptive de la langue française* IV, Québec : Presses de l'Université Laval, et Lille : Presses Universitaires de Lille, 99–106 <http://nlip.pcu.ac.kr/gustave/> (consulté le 16/4/2018)

Guillaume, Gustave 1987g. Leçon du 14 février 1946, *Leçons de linguistique de Gustave Guillaume, 1945–1946,* in Valin, Roch *et al.* (éds) *Esquisse d'une grammaire descriptive de la langue française* IV, Québec : Presses de l'Université Laval, et Lille : Presses Universitaires de Lille, 107–114 <http://nlip.pcu.ac.kr/gustave/> (consulté le 16/4/2018)

Guillaume, Gustave 1990. Leçon du 10 février 1944, *Leçons de linguistique de Gustave Guillaume, 1943–1944, série A,* in Valin, Roch *et al.* (éds) *Esquisse d'une grammaire descriptive de la langue française* II. Québec : Presses de l'Université Laval, et Lille : Presses Universitaires de Lille, 147–159 <http://nlip.pcu.ac.kr/gustave/> (consulté le 16/4/2018)

Halmøy, Odile 2003. *Le gérondif en français*, Gap, Ophrys.

Halmøy, Odile 2006. Présence du participe dit « présent » dans la presse. In E. Gunnel (éd.), *Construction, acquisition et communication : Études linguistiques de discours contemporains*, Stockholm University : Acta Universitatis Stockholmiensis, 203–218.

Halmøy, Odile 2008. Les formes verbales en *-ant* et la prédication seconde. *Travaux de linguistique.* 57, 43–62.

Halmøy, Odile, 2013. Le participe présent en français moderne. In A. Ouattara (éd.) *Les fonctions grammaticales. Histoire, théories, pratiques. Actes du Colloque international de linguistique française, Université de Tromsø*, 26–29 octobre 2005. Bern – New York : Peter Lang, 275–284.

Havu, Eva / Pierrard, Michel 2005. Syntaxe, communication et type de discours : participe présent et langue des médias. *Synergies-Pologne*. 2, 59–67.

Havu, Eva / Pierrard, Michel 2006. Participe présent et co-verbialité. In Nølke, Henning *et al.* (*éds*) *Grammatica. Hommage à Michael Herslund.* Bern – New York : Peter Lang, 137–151.

Havu, Eva / Pierrard, Michel 2007. Prédication seconde et type de discours : les participes présents adjoints dans les médias écrits et oraux. In Broth, Mathias *et al.* (éds), *Le français parlé des médias, Actes du colloque de Stockholm, 8–12 juin 2005*. Stockholm : Acta Universitatis Stockholmiensis, vol. 24, 273–288.

Havu, Eva / Pierrard, Michel 2013. Fonctionnement textuel et valeur prototypique : l'interprétation des participes présents adjoints dans le discours écrit littéraire et journalistique. In M. Barbazan (éd.) *Enonciation, texte, grammaire. De la linguistique à la didactique.* Rennes : Presses Universitaires de Rennes, 47–64.

Hellqvist, Birgitta 2015. Le gérondif en français et les structures correspondantes en suédois. Étude contrastive. *Studia Romanica Upsaliensia*, 82, Uppsala, Acta Universitatis Upsaliensis, 2015.

Hellqvist, Birgitta 2017. Le gérondif et la postériorité : une analyse de quelques occurrences où le gérondif exprime la conséquence. In

François, Jacques *et al.* (éds) *Actes du XXVIIe Congrès international de linguistique et de philologie romanes (Nancy, 15–20 juillet 2013). Section 7 : Sémantique.* Nancy, ATILF, <http://www.atilf.fr/cilpr2013/actes/section-7.html> (consulté le 16/04/2018).

Herslund, Michael 2000. Le Participe présent comme co-verbe. *Langue Française.* 127, 86–94.

Herslund, Michael 2003. La temporalité des verbes non finis : le gérondif comme anaphore. In Banys, Wieslaw *et al.* (éds) Études linguistiques romano-slaves offertes à Stanislas Karolak. Cracovie : Officyna Wydawnicza Edukacjia, 233–242.

Herslund, Michael 2011. La relative attributive comme cas d'hypotaxe complexe. *Langue française.* 171/3, 89–99.

Høyer, Anne-Gro 2003. *L'emploi du participe présent en fonction d'attribut libre et la question de la concurrence avec le gérondif.* Mémoire de DEA sous la direction d'Odile Halmøy. Hovedoppgave i fransk Romansk institutt, Universitetet i Bergen.

Imbs, Paul 1960. *L'emploi des temps verbaux en français moderne. Essai de grammaire descriptive.* Paris : Klincksieck.

Johannesen, Ole Stig 1977. *Après avoir été en montant, le chemin allait en descendant* : Un cas de gérondif littéraire. *Revue romane.* 12/2, 325–327.

Kindt, Saskia 1999. En pleurs *vs* en pleurant : deux analyses irréconciliables ? *Travaux de linguistique.* 38, 109–118.

Kindt, Saskia 2000. L'emploi du participe présent en français contemporain. In Englebert A. *et al.* (éds) *Actes du 22e congrès international de linguistique et philologie romanes. Bruxelles, 23–29 juillet 1998.* Tübingen : Niemeyer, 259–268.

Kindt, Saskia 2003. Le participe présent en emploi adnominal comme prétendu équivalent de la relative en Qui. *Langages.* 1/149, numéro spécial *Participe présent et gérondif*, 55–70.

Kleiber, Georges 1988. Sur les relatives du type « je le vois qui arrive ». *Travaux de linguistique.* 17, 89–115.

Kleiber, Georges 2001. *Anaphore associative.* Paris : PUF.

Kleiber, Georges 2007a. En passant par le gérondif 'avec' mes (gros) sabots. In de Saussure, Louis *et al.* (*éds*) Études sémantiques et pragmatiques sur le temps, l'aspect et la modalité, *Cahiers Chronos*. 19, Amsterdam/New York, 93–125.

Kleiber, Georges 2007b. Le gérondif en chantant et … en se rasant. In Marillier, Jean François *et al.* (éds) *Text und Sinn. Studien zur Textsyntax und Deixis im Deutschen und Französischen Festschrift für Marcel Vuillaume zum 60.* 23/XX. Tübingen : Staufenburg Verlag, 119–131.

Kleiber, Georges 2007c. La question temporelle du gérondif : simultanéité ou non ? In Lambert, Frédéric *et al.* (éds), *Les formes non finies du verbe -2-, Travaux linguistiques du CERLICO.* 20, 109–123.

Kleiber, Georges 2008. Le gérondif : de la phrase au texte. In Bertrand, Olivier (éd.) *Discours, diachronie, stylistique du français, Études en hommage à Bernard Combettes.* Bern-New York : Peter Lang, 107–124.

Kleiber, Georges 2009a. Le gérondif en « anticipant ». In Delcourt, Christian / Hug, Marc (éds) *Mélanges offerts à Charles Muller pour son centième anniversaire (22 septembre 2009)*, Paris, Conseil International de la Langue Française, 217–233.

Kleiber, Georges 2009b. Gérondif et relations de cohérence : le cas de la relation de Cause. In F. Hrubaru (éd.) *Relations de discours (II), Actes du XV*[e] *Séminaire de Didactique Universitaire* (Constanta, 2008), *Recherches ACLIF*, Cluj, Editura Echinox, 9–24.

Kleiber, Georges 2011. Gérondif et manière. *Langue française.* 171/3, 117–134.

Kleiber, Georges 2018. Simultanéité et consécutivité : le cas du gérondif. In Aleksandrova, Angelina *et al.* (éds) *Consécutivité et simultanéité en Linguistique, Langues et Parole* – Tome 2, *Syntaxe, Sémantique*. Paris : L'Harmattan, 141–159.

Kleiber, Georges / Theissen Anne 2006. Le gérondif comme marqueur de cohésion et de cohérence, in F. Calas (éd.) *Cohérence et discours*. Paris : Presses de l'Université Paris-Sorbonne, 173–184.

Kleiber, Georges / Wilmet Marc 2012. Le gérondif existe-t-il en français ? In Van Peteghem, Marleen *et al.* (éds) *Le verbe en verve. Réflexions sur la syntaxe et la sémantique verbale. En hommage à*

Dominique Willeims à l'occasion de son éméritat. Gent : Academia Press, 545–567.

Le Bidois, Georges et Robert 1971 [1935–1938]. *Syntaxe du français moderne. Ses fondements historiques et psychologiques*, t. I et II. Paris : Picard.

Le Goffic, Pierre 1993. *Grammaire de la phrase française*. Paris : Hachette.

Le Goffic, Pierre 1997. Formes en –ant et calcul du sens. In C. Guimier (éd.), *Co- texte et calcul du sens*. Caen : Presses Universitaires de Caen, 127–133.

Michel, Louis 1937. Fondements sociologiques, historiques, psychologiques de la syntaxe française. *Revue belge de philologie et d'histoire*. 16/3–4, 787, <http://www.persee.fr/web/revues/home/prescript/article/rbph_0035-0818_1937_num_16_3_1224> (consulté le 16/04/2018).

Muller, Claude 2007. Participe présent, conjonction et construction du sujet. In Lambert, Frédéric *et al.* (éds) *Les formes non finies du verbe -2-, Travaux linguistiques du CERLICO*. 20, 19–36.

Nannoni, Catia 2014. Rôles et fonctions du participe présent dans la presse ou comment la traduction vient en aide à la didactique du Fle. *Rivista Internazionale di Tecnica della Traduzione*. 16, 129–152.

Picoche, Jacqueline / Marchello-Nizia Christiane 1998. *Histoire de la langue française*. Paris : Nathan.

Riegel, Martin *et al.* (éds.) 2016[6] [1994[1]]. *Grammaire méthodique du français*. Paris : PUF.

Rihs, Alain 2009. Gérondif, participe présent et expression de la cause. *Nouveaux cahiers de linguistique française*. 29, 197–214.

Rihs, Alain 2010. Gérondif et participe présent : la simultanéité comme critère discriminant. In Flaux, Nelly *et al.* (éds) *Interpréter les temps verbaux*. Bern, Berlin, Bruxelles : Peer Lang, 209–225.

Rihs, Alain 2013. *Subjonctif, gérondif et participe présent en français. Une pragmatique de la dépendance verbale*. Bern, Berlin, Bruxelles : Peter Lang.

TLFI. Trésor de la langue française informatisé <http://atilf.atilf.fr/> (consulté le 16/4/2018)

Veland, Reidar / Whittaker, Sunniva 2004. « Comme » suivi d'un syntagme verbal à tête verbale en –ant. *Revue romane*. 39/2, 322–333.

Wagner, Robert-Léon / Pinchon, Jacqueline 1991 [1962[1]]. La *grammaire du français classique et moderne*. Paris : Hachette.

Weinrich, Harald 1973. *Le temps : le récit et le commentaire*. Traduit par Michèle Lacoste. Paris : Seuil.

Weinrich, Harald 1989. *Grammaire textuelle du français*. Traduit par Gilbert Dalgalian et Daniel Malbert. Paris : Didier-Hachette.

Willems, Dominique / Defrancq Bart 2000. L'attribut de l'objet et les verbes de perception. *Langue française*. 127, 6–20.

Wilmet, Marc 1997[2] ; 2010[5]. *Grammaire critique du français*. Bruxelles-Paris : Duculot-Hachette.

Wilmet, Marc 2007. *Sic Transit Gloria Mundi* : A propos de quelques survivances latines en grammaire française. In Denis Bouchard *et al.* (éds). *Représentation du sens linguistique II*. Louvain-La Neuve : De Boeck Université, 235–246.

Wind, Stefanie 2007. *Les formes en – ant*. München : GRIN Verlag.

Zanola, Maria Teresa 1998. *Pour une analyse sémantico-textuelle des constructions gérondiales*. In S. Cigada (éd.), *Studi di Linguistica Francese in Italia*. Brescia : La Scuola, 255–266.

Zanola, Maria Teresa 1999. La diachronie des constructions participiales dans une perspective sémantico-textuelle. *L'Analisi Linguistica e Letteraria*. VII/2, 333–384.

Index des noms

Linguistic Insights

Studies in Language and Communication

This series aims to promote specialist language studies in the fields of linguistic theory and applied linguistics, by publishing volumes that focus on specific aspects of language use in one or several languages and provide valuable insights into language and communication research. A cross-disciplinary approach is favoured and most European languages are accepted.

The series includes two types of books:

- **Monographs** – featuring in-depth studies on special aspects of language theory, language analysis or language teaching.
- **Collected papers** – assembling papers from workshops, conferences or symposia.

Each volume of the series is subjected to a double peer-reviewing process.

Vol. 1 Maurizio Gotti & Marina Dossena (eds)
Modality in Specialized Texts. Selected Papers of the 1st CERLIS Conference.
421 pages. 2001. ISBN 3-906767-10-8 · US-ISBN 0-8204-5340-4

Vol. 2 Giuseppina Cortese & Philip Riley (eds)
Domain-specific English. Textual Practices across Communities and Classrooms.
420 pages. 2002. ISBN 3-906768-98-8 · US-ISBN 0-8204-5884-8

Vol. 3 Maurizio Gotti, Dorothee Heller & Marina Dossena (eds)
Conflict and Negotiation in Specialized Texts. Selected Papers of the 2nd CERLIS Conference.
470 pages. 2002. ISBN 3-906769-12-7 · US-ISBN 0-8204-5887-2

Vol. 4 Maurizio Gotti, Marina Dossena, Richard Dury, Roberta Facchinetti & Maria Lima
Variation in Central Modals. A Repertoire of Forms and Types of Usage in Middle English and Early Modern English.
364 pages. 2002. ISBN 3-906769-84-4 · US-ISBN 0-8204-5898-8

Editorial address:

Prof. Maurizio Gotti Università di Bergamo, Dipartimento di Lingue, Letterature Straniere e Comunicazione, Piazza Rosate 2, 24129 Bergamo, Italy
Fax: +39 035 2052789, E-Mail: m.gotti@unibg.it

Vol. 5 Stefania Nuccorini (ed.)
Phrases and Phraseology. Data and Descriptions.
187 pages. 2002. ISBN 3-906770-08-7 · US-ISBN 0-8204-5933-X

Vol. 6 Vijay Bhatia, Christopher N. Candlin & Maurizio Gotti (eds)
Legal Discourse in Multilingual and Multicultural Contexts.
Arbitration Texts in Europe.
385 pages. 2003. ISBN 3-906770-85-0 · US-ISBN 0-8204-6254-3

Vol. 7 Marina Dossena & Charles Jones (eds)
Insights into Late Modern English. 2nd edition.
378 pages. 2003, 2007.
ISBN 978-3-03911-257-9 · US-ISBN 978-0-8204-8927-8

Vol. 8 Maurizio Gotti
Specialized Discourse. Linguistic Features and Changing Conventions.
351 pages. 2003, 2005.
ISBN 3-03910-606-6 · US-ISBN 0-8204-7000-7

Vol. 9 Alan Partington, John Morley & Louann Haarman (eds)
Corpora and Discourse.
420 pages. 2004. ISBN 3-03910-026-2 · US-ISBN 0-8204-6262-4

Vol. 10 Martina Möllering
The Acquisition of German Modal Particles. A Corpus-Based Approach.
290 pages. 2004. ISBN 3-03910-043-2 · US-ISBN 0-8204-6273-X

Vol. 11 David Hart (ed.)
English Modality in Context. Diachronic Perspectives.
261 pages. 2003. ISBN 3-03910-046-7 · US-ISBN 0-8204-6852-5

Vol. 12 Wendy Swanson
Modes of Co-reference as an Indicator of Genre.
430 pages. 2003. ISBN 3-03910-052-1 · US-ISBN 0-8204-6855-X

Vol. 13 Gina Poncini
Discursive Strategies in Multicultural Business Meetings.
2nd edition. 338 pages. 2004, 2007.
ISBN 978-3-03911-296-8 · US-ISBN 978-0-8204-8937-7

Vol. 14 Christopher N. Candlin & Maurizio Gotti (eds)
Intercultural Aspects of Specialized Communication.
2nd edition. 369 pages. 2004, 2007.
ISBN 978-3-03911-258-6 · US-ISBN 978-0-8204-8926-1

Vol. 15 Gabriella Del Lungo Camiciotti & Elena Tognini Bonelli (eds)
Academic Discourse. New Insights into Evaluation.
234 pages. 2004. ISBN 3-03910-353-9 · US-ISBN 0-8204-7016-3

Vol. 16 Marina Dossena & Roger Lass (eds)
Methods and Data in English Historical Dialectology.
405 pages. 2004. ISBN 3-03910-362-8 · US-ISBN 0-8204-7018-X

Vol. 17 Judy Noguchi
The Science Review Article. An Opportune Genre in
the Construction of Science.
274 pages. 2006. ISBN 3-03910-426-8 · US-ISBN 0-8204-7034-1

Vol. 18 Giuseppina Cortese & Anna Duszak (eds)
Identity, Community, Discourse. English in Intercultural Settings.
495 pages. 2005. ISBN 3-03910-632-5 · US-ISBN 0-8204-7163-1

Vol. 19 Anna Trosborg & Poul Erik Flyvholm Jørgensen (eds)
Business Discourse. Texts and Contexts.
250 pages. 2005. ISBN 3-03910-606-6 · US-ISBN 0-8204-7000-7

Vol. 20 Christopher Williams
Tradition and Change in Legal English. Verbal Constructions in Prescriptive Texts.
2nd revised edition. 216 pages. 2005, 2007. ISBN 978-3-03911-444-3.

Vol. 21 Katarzyna Dziubalska-Kolaczyk & Joanna Przedlacka (eds)
English Pronunciation Models: A Changing Scene.
2nd edition. 476 pages. 2005, 2008. ISBN 978-3-03911-682-9.

Vol. 22 Christián Abello-Contesse, Rubén Chacón-Beltrán, M. Dolores López-Jiménez & M. Mar Torreblanca-López (eds)
Age in L2 Acquisition and Teaching.
214 pages. 2006. ISBN 3-03910-668-6 · US-ISBN 0-8204-7174-7

Vol. 23 Vijay K. Bhatia, Maurizio Gotti, Jan Engberg & Dorothee Heller (eds)
Vagueness in Normative Texts.
474 pages. 2005. ISBN 3-03910-653-8 · US-ISBN 0-8204-7169-0

Vol. 24 Paul Gillaerts & Maurizio Gotti (eds)
Genre Variation in Business Letters. 2nd printing.
407 pages. 2008. ISBN 978-3-03911-681-2.

Vol. 25 Ana María Hornero, María José Luzón & Silvia Murillo (eds)
Corpus Linguistics. Applications for the Study of English.
2nd printing. 526 pages. 2006, 2008. ISBN 978-3-03911-726-0

Vol. 26 J. Lachlan Mackenzie & María de los Ángeles Gómez-González (eds)
Studies in Functional Discourse Grammar.
259 pages. 2005. ISBN 3-03910-696-1 · US-ISBN 0-8204-7558-0

Vol. 27 Debbie G. E. Ho
Classroom Talk. Exploring the Sociocultural Structure of Formal ESL Learning.
2nd edition. 254 pages. 2006, 2007. ISBN 978-3-03911-434-4

Vol. 28 Javier Pérez-Guerra, Dolores González-Álvarez, Jorge L. Bueno-Alonso & Esperanza Rama-Martínez (eds)
'Of Varying Language and Opposing Creed'. New Insights into Late Modern English.
455 pages. 2007. ISBN 978-3-03910-788-9

Vol. 29 Francesca Bargiela-Chiappini & Maurizio Gotti (eds)
Asian Business Discourse(s).
350 pages. 2005. ISBN 3-03910-804-2 · US-ISBN 0-8204-7574-2

Vol. 30 Nicholas Brownlees (ed.)
News Discourse in Early Modern Britain. Selected Papers of CHINED 2004.
300 pages. 2006. ISBN 3-03910-805-0 · US-ISBN 0-8204-8025-8

Vol. 31 Roberta Facchinetti & Matti Rissanen (eds)
Corpus-based Studies of Diachronic English.
300 pages. 2006. ISBN 3-03910-851-4 · US-ISBN 0-8204-8040-1

Vol. 32 Marina Dossena & Susan M. Fitzmaurice (eds)
Business and Official Correspondence. Historical Investigations.
209 pages. 2006. ISBN 3-03910-880-8 · US-ISBN 0-8204-8352-4

Vol. 33 Giuliana Garzone & Srikant Sarangi (eds)
Discourse, Ideology and Specialized Communication.
494 pages. 2007. ISBN 978-3-03910-888-6

Vol. 34 Giuliana Garzone & Cornelia Ilie (eds)
The Use of English in Institutional and Business Settings.
An Intercultural Perspective.
372 pages. 2007. ISBN 978-3-03910-889-3

Vol. 35 Vijay K. Bhatia & Maurizio Gotti (eds)
Explorations in Specialized Genres.
316 pages. 2006. ISBN 3-03910-995-2 · US-ISBN 0-8204-8372-9

Vol. 36 Heribert Picht (ed.)
Modern Approaches to Terminological Theories and Applications.
432 pages. 2006. ISBN 3-03911-156-6 · US-ISBN 0-8204-8380-X

Vol. 37 Anne Wagner & Sophie Cacciaguidi-Fahy (eds)
Legal Language and the Search for Clarity / Le langage juridique et la quête de clarté.
Practice and Tools / Pratiques et instruments.
487 pages. 2006. ISBN 3-03911-169-8 · US-ISBN 0-8204-8388-5

Vol. 38 Juan Carlos Palmer-Silveira, Miguel F. Ruiz-Garrido &
Inmaculada Fortanet-Gómez (eds)
Intercultural and International Business Communication.
Theory, Research and Teaching.
2nd edition. 343 pages. 2006, 2008. ISBN 978-3-03911-680-5

Vol. 39 Christiane Dalton-Puffer, Dieter Kastovsky, Nikolaus Ritt &
Herbert Schendl (eds)
Syntax, Style and Grammatical Norms. English from 1500–2000.
250 pages. 2006. ISBN 3-03911-181-7 · US-ISBN 0-8204-8394-X

Vol. 40 Marina Dossena & Irma Taavitsainen (eds)
Diachronic Perspectives on Domain-Specific English.
280 pages. 2006. ISBN 3-03910-176-0 · US-ISBN 0-8204-8391-5

Vol. 41 John Flowerdew & Maurizio Gotti (eds)
Studies in Specialized Discourse.
293 pages. 2006. ISBN 3-03911-178-7

Vol. 42 Ken Hyland & Marina Bondi (eds)
Academic Discourse Across Disciplines.
320 pages. 2006. ISBN 3-03911-183-3 · US-ISBN 0-8204-8396-6

Vol. 43 Paul Gillaerts & Philip Shaw (eds)
The Map and the Landscape. Norms and Practices in Genre.
256 pages. 2006. ISBN 3-03911-182-5 · US-ISBN 0-8204-8395-4

Vol. 44 Maurizio Gotti & Davide Giannoni (eds)
New Trends in Specialized Discourse Analysis.
301 pages. 2006. ISBN 3-03911-184-1 · US-ISBN 0-8204-8381-8

Vol. 45 Maurizio Gotti & Françoise Salager-Meyer (eds)
Advances in Medical Discourse Analysis. Oral and Written Contexts.
492 pages. 2006. ISBN 3-03911-185-X · US-ISBN 0-8204-8382-6

Vol. 46 Maurizio Gotti & Susan Šarcević (eds)
Insights into Specialized Translation.
396 pages. 2006. ISBN 3-03911-186-8 · US-ISBN 0-8204-8383-4

Vol. 47 Khurshid Ahmad & Margaret Rogers (eds)
Evidence-based LSP. Translation, Text and Terminology.
584 pages. 2007. ISBN 978-3-03911-187-9

Vol. 48 Hao Sun & Dániel Z. Kádár (eds)
It's the Dragon's Turn. Chinese Institutional Discourses.
262 pages. 2008. ISBN 978-3-03911-175-6

Vol. 49 Cristina Suárez-Gómez
Relativization in Early English (950-1250). the Position of Relative Clauses.
149 pages. 2006. ISBN 3-03911-203-1 · US-ISBN 0-8204-8904-2

Vol. 50 Maria Vittoria Calvi & Luisa Chierichetti (eds)
Nuevas tendencias en el discurso de especialidad.
319 pages. 2006. ISBN 978-3-03911-261-6

Vol. 51 Mari Carmen Campoy & María José Luzón (eds)
Spoken Corpora in Applied Linguistics.
274 pages. 2008. ISBN 978-3-03911-275-3

Vol. 52 Konrad Ehlich & Dorothee Heller (Hrsg.)
Die Wissenschaft und ihre Sprachen.
323 pages. 2006. ISBN 978-3-03911-272-2

Vol. 53 Jingyu Zhang
The Semantic Salience Hierarchy Model. The L2 Acquisition of Psych Predicates
273 pages. 2007. ISBN 978-3-03911-300-2

Vol. 54 Norman Fairclough, Giuseppina Cortese & Patrizia Ardizzone (eds)
Discourse and Contemporary Social Change.
555 pages. 2007. ISBN 978-3-03911-276-0

Vol. 55 Jan Engberg, Marianne Grove Ditlevsen, Peter Kastberg & Martin Stegu (eds)
New Directions in LSP Teaching.
331 pages. 2007. ISBN 978-3-03911-433-7

Vol. 56 Dorothee Heller & Konrad Ehlich (Hrsg.)
Studien zur Rechtskommunikation.
322 pages. 2007. ISBN 978-3-03911-436-8

Vol. 57 Teruhiro Ishiguro & Kang-kwong Luke (eds)
Grammar in Cross-Linguistic Perspective.
The Syntax, Semantics, and Pragmatics of Japanese and Chinese.
304 pages. 2012. ISBN 978-3-03911-445-0

Vol. 58 Carmen Frehner
Email – SMS – MMS
294 pages. 2008. ISBN 978-3-03911-451-1

Vol. 59 Isabel Balteiro
The Directionality of Conversion in English. A Dia-Synchronic Study.
276 pages. 2007. ISBN 978-3-03911-241-8

Vol. 60 Maria Milagros Del Saz Rubio
English Discourse Markers of Reformulation.
237 pages. 2007. ISBN 978-3-03911-196-1

Vol. 61 Sally Burgess & Pedro Martín-Martín (eds)
English as an Additional Language in Research Publication and Communication.
259 pages. 2008. ISBN 978-3-03911-462-7

Vol. 62 Sandrine Onillon
Pratiques et représentations de l'écrit.
458 pages. 2008. ISBN 978-3-03911-464-1

Vol. 63 Hugo Bowles & Paul Seedhouse (eds)
Conversation Analysis and Language for Specific Purposes.
2nd edition. 337 pages. 2007, 2009. ISBN 978-3-0343-0045-2

Vol. 64 Vijay K. Bhatia, Christopher N. Candlin & Paola Evangelisti Allori (eds)
Language, Culture and the Law.
The Formulation of Legal Concepts across Systems and Cultures.
342 pages. 2008. ISBN 978-3-03911-470-2

Vol. 65 Jonathan Culpeper & Dániel Z. Kádár (eds)
Historical (Im)politeness.
300 pages. 2010. ISBN 978-3-03911-496-2

Vol. 66 Linda Lombardo (ed.)
Using Corpora to Learn about Language and Discourse.
237 pages. 2009. ISBN 978-3-03911-522-8

Vol. 67 Natsumi Wakamoto
Extroversion/Introversion in Foreign Language Learning.
Interactions with Learner Strategy Use.
159 pages. 2009. ISBN 978-3-03911-596-9

Vol. 68 Eva Alcón-Soler (ed.)
Learning How to Request in an Instructed Language Learning Context.
260 pages. 2008. ISBN 978-3-03911-601-0

Vol. 69 Domenico Pezzini
The Translation of Religious Texts in the Middle Ages.
428 pages. 2008. ISBN 978-3-03911-600-3

Vol. 70 Tomoko Tode
Effects of Frequency in Classroom Second Language Learning.
Quasi-experiment and stimulated-recall analysis.
195 pages. 2008. ISBN 978-3-03911-602-7

Vol. 71 Egor Tsedryk
Fusion symétrique et alternances ditransitives.
211 pages. 2009. ISBN 978-3-03911-609-6

Vol. 72 Cynthia J. Kellett Bidoli & Elana Ochse (eds)
English in International Deaf Communication.
444 pages. 2008. ISBN 978-3-03911-610-2

Vol. 73 Joan C. Beal, Carmela Nocera & Massimo Sturiale (eds)
Perspectives on Prescriptivism.
269 pages. 2008. ISBN 978-3-03911-632-4

Vol. 74 Carol Taylor Torsello, Katherine Ackerley & Erik Castello (eds)
Corpora for University Language Teachers.
308 pages. 2008. ISBN 978-3-03911-639-3

Vol. 75 María Luisa Pérez Cañado (ed.)
English Language Teaching in the European Credit Transfer System. Facing the Challenge.
251 pages. 2009. ISBN 978-3-03911-654-6

Vol. 76 Marina Dossena & Ingrid Tieken-Boon van Ostade (eds)
Studies in Late Modern English Correspondence. Methodology and Data.
291 pages. 2008. ISBN 978-3-03911-658-4

Vol. 77 Ingrid Tieken-Boon van Ostade & Wim van der Wurff (eds)
Current Issues in Late Modern English.
436 pages. 2009. ISBN 978-3-03911-660-7

Vol. 78 Marta Navarro Coy (ed.)
Practical Approaches to Foreign Language Teaching and Learning.
297 pages. 2009. ISBN 978-3-03911-661-4

Vol. 79 Qing Ma
Second Language Vocabulary Acquisition.
333 pages. 2009. ISBN 978-3-03911-666-9

Vol. 80 Martin Solly, Michelangelo Conoscenti & Sandra Campagna (eds)
Verbal/Visual Narrative Texts in Higher Education.
384 pages. 2008. ISBN 978-3-03911-672-0

Vol. 81 Meiko Matsumoto
From Simple Verbs to Periphrastic Expressions: The Historical Development of Composite Predicates, Phrasal Verbs, and Related Constructions in English.
235 pages. 2008. ISBN 978-3-03911-675-1

Vol. 82 Melinda Dooly
Doing Diversity. Teachers' Construction of Their Classroom Reality.
180 pages. 2009. ISBN 978-3-03911-687-4

Vol. 83 Victoria Guillén-Nieto, Carmen Marimón-Llorca & Chelo Vargas-Sierra (eds)
Intercultural Business Communication and Simulation and Gaming Methodology.
392 pages. 2009. ISBN 978-3-03911-688-1

Vol. 84 Maria Grazia Guido
English as a Lingua Franca in Cross-cultural Immigration Domains.
285 pages. 2008. ISBN 978-3-03911-689-8

Vol. 85 Erik Castello
Text Complexity and Reading Comprehension Tests.
352 pages. 2008. ISBN 978-3-03911-717-8

Vol. 86 Maria-Lluisa Gea-Valor, Isabel García-Izquierdo & Maria-José Esteve (eds)
Linguistic and Translation Studies in Scientific Communication.
317 pages. 2010. ISBN 978-3-0343-0069-8

Vol. 87 Carmen Navarro, Rosa Mª Rodríguez Abella, Francesca Dalle Pezze & Renzo Miotti (eds)
La comunicación especializada.
355 pages. 2008. ISBN 978-3-03911-733-8

Vol. 88 Kiriko Sato
The Development from Case-Forms to Prepositional Constructions in Old English Prose.
231 pages. 2009. ISBN 978-3-03911-763-5

Vol. 89 Dorothee Heller (Hrsg.)
Formulierungsmuster in deutscher und italienischer Fachkommunikation. Intra- und interlinguale Perspektiven.
315 pages. 2008. ISBN 978-3-03911-778-9

Vol. 90 Henning Bergenholtz, Sandro Nielsen & Sven Tarp (eds)
Lexicography at a Crossroads. Dictionaries and Encyclopedias Today, Lexicographical Tools Tomorrow.
372 pages. 2009. ISBN 978-3-03911-799-4

Vol. 91 Manouchehr Moshtagh Khorasani
The Development of Controversies. From the Early Modern Period to Online Discussion Forums.
317 pages. 2009. ISBN 978-3-3911-711-6

Vol. 92 María Luisa Carrió-Pastor (ed.)
Content and Language Integrated Learning. Cultural Diversity.
178 pages. 2009. ISBN 978-3-3911-818-2

Vol. 93 Roger Berry
Terminology in English Language Teaching. Nature and Use.
262 pages. 2010. ISBN 978-3-0343-0013-1

Vol. 94 Roberto Cagliero & Jennifer Jenkins (eds)
Discourses, Communities, and Global Englishes
240 pages. 2010. ISBN 978-3-0343-0012-4

Vol. 95 Facchinetti Roberta, Crystal David, Seidlhofer Barbara (eds)
From International to Local English – And Back Again.
268 pages. 2010. ISBN 978-3-0343-0011-7

Vol. 96 Cesare Gagliardi & Alan Maley (eds)
EIL, ELF, Global English. Teaching and Learning Issues
376 pages. 2010. ISBN 978-3-0343-0010-0

Vol. 97 Sylvie Hancil (ed.)
The Role of Prosody in Affective Speech.
403 pages. 2009. ISBN 978-3-03911-696-6

Vol. 98 Marina Dossena & Roger Lass (eds)
Studies in English and European Historical Dialectology.
257 pages. 2009. ISBN 978-3-0343-0024-7

Vol. 99 Christine Béal
Les interactions quotidiennes en français et en anglais. De l'approche comparative à l'analyse des situations interculturelles.
424 pages. 2010. ISBN 978-3-0343-0027-8

Vol. 100 Maurizio Gotti (ed.)
Commonality and Individuality in Academic Discourse.
398 pages. 2009. ISBN 978-3-0343-0023-0

Vol. 101 Javier E. Díaz Vera & Rosario Caballero (eds)
Textual Healing. Studies in Medieval English Medical, Scientific and Technical Texts.
213 pages. 2009. ISBN 978-3-03911-822-9

Vol. 102 Nuria Edo Marzá
The Specialised Lexicographical Approach. A Step further in Dictionary-making.
316 pages. 2009. ISBN 978-3-0343-0043-8

Vol. 103 Carlos Prado-Alonso, Lidia Gómez-García, Iria Pastor-Gómez &
David Tizón-Couto (eds)
New Trends and Methodologies in Applied English Language Research.
Diachronic, Diatopic and Contrastive Studies.
348 pages. 2009. ISBN 978-3-0343-0046-9

Vol. 104 Françoise Salager-Meyer & Beverly A. Lewin
Crossed Words. Criticism in Scholarly Writing?
371 pages. 2011. ISBN 978-3-0343-0049-0.

Vol. 105 Javier Ruano-García
Early Modern Northern English Lexis. A Literary Corpus-Based Study.
611 pages. 2010. ISBN 978-3-0343-0058-2

Vol. 106 Rafael Monroy-Casas
Systems for the Phonetic Transcription of English. Theory and Texts.
280 pages. 2011. ISBN 978-3-0343-0059-9

Vol. 107 Nicola T. Owtram
The Pragmatics of Academic Writing.
A Relevance Approach to the Analysis of Research Article Introductions.
311 pages. 2009. ISBN 978-3-0343-0060-5

Vol. 108 Yolanda Ruiz de Zarobe, Juan Manuel Sierra &
Francisco Gallardo del Puerto (eds)
Content and Foreign Language Integrated Learning.
Contributions to Multilingualism in European Contexts
343 pages. 2011. ISBN 978-3-0343-0074-2

Vol. 109 Ángeles Linde López & Rosalía Crespo Jiménez (eds)
Professional English in the European context. The EHEA challenge.
374 pages. 2010. ISBN 978-3-0343-0088-9

Vol. 110 Rosalía Rodríguez-Vázquez
The Rhythm of Speech, Verse and Vocal Music. A New Theory.
394 pages. 2010. ISBN 978-3-0343-0309-5

Vol. 111 Anastasios Tsangalidis & Roberta Facchinetti (eds)
Studies on English Modality. In Honour of Frank Palmer.
392 pages. 2009. ISBN 978-3-0343-0310-1

Vol. 112 Jing Huang
Autonomy, Agency and Identity in Foreign Language Learning and Teaching.
400 pages. 2013. ISBN 978-3-0343-0370-5

Vol. 113 Mihhail Lotman & Maria-Kristiina Lotman (eds)
Frontiers in Comparative Prosody. In memoriam: Mikhail Gasparov.
426 pages. 2011. ISBN 978-3-0343-0373-6

Vol. 114 Merja Kytö, John Scahill & Harumi Tanabe (eds)
Language Change and Variation from Old English to Late Modern English.
A Festschrift for Minoji Akimoto
422 pages. 2010. ISBN 978-3-0343-0372-9

Vol. 115 Giuliana Garzone & Paola Catenaccio (eds)
Identities across Media and Modes. Discursive Perspectives.
379 pages. 2009. ISBN 978-3-0343-0386-6

Vol. 116 Elena Landone
Los marcadores del discurso y cortesía verbal en español.
390 pages. 2010. ISBN 978-3-0343-0413-9

Vol. 117 Maurizio Gotti & Christopher Williams (eds)
Legal Discourse across Languages and Cultures.
339 pages. 2010. ISBN 978-3-0343-0425-2

Vol. 118 David Hirsh
Academic Vocabulary in Context.
217 pages. 2010. ISBN 978-3-0343-0426-9

Vol. 119 Yvonne Dröschel
Lingua Franca English. The Role of Simplification and Transfer.
358 pages. 2011. ISBN 978-3-0343-0432-0

Vol. 120 Tengku Sepora Tengku Mahadi, Helia Vaezian & Mahmoud Akbari
Corpora in Translation. A Practical Guide.
135 pages. 2010. ISBN 978-3-0343-0434-4

Vol. 121 Davide Simone Giannoni & Celina Frade (eds)
Researching Language and the Law. Textual Features and Translation Issues.
278 pages. 2010. ISBN 978-3-0343-0443-6

Vol. 122 Daniel Madrid & Stephen Hughes (eds)
Studies in Bilingual Education.
472 pages. 2011. ISBN 978-3-0343-0474-0

Vol. 123 Vijay K. Bhatia, Christopher N. Candlin & Maurizio Gotti (eds)
The Discourses of Dispute Resolution.
290 pages. 2010. ISBN 978-3-0343-0476-4

Vol. 124 Davide Simone Giannoni
Mapping Academic Values in the Disciplines. A Corpus-Based Approach.
288 pages. 2010. ISBN 978-3-0343-0488-7

Vol. 125 Giuliana Garzone & James Archibald (eds)
Discourse, Identities and Roles in Specialized Communication.
419 pages. 2010. ISBN 978-3-0343-0494-8

Vol. 126 Iria Pastor-Gómez
The Status and Development of N+N Sequences in
Contemporary English Noun Phrases.
216 pages. 2011. ISBN 978-3-0343-0534-1

Vol. 127 Carlos Prado-Alonso
Full-verb Inversion in Written and Spoken English.
261 pages. 2011. ISBN 978-3-0343-0535-8

Vol. 128 Tony Harris & María Moreno Jaén (eds)
Corpus Linguistics in Language Teaching.
214 pages. 2010. ISBN 978-3-0343-0524-2

Vol. 129 Tetsuji Oda & Hiroyuki Eto (eds)
Multiple Perspectives on English Philology and History of Linguistics.
A Festschrift for Shoichi Watanabe on his 80th Birthday.
378 pages. 2010. ISBN 978-3-0343-0480-1

Vol. 130 Luisa Chierichetti & Giovanni Garofalo (eds)
Lengua y Derecho. líneas de investigación interdisciplinaria.
283 pages. 2010. 978-3-0343-0463-4

Vol. 131 Paola Evangelisti Allori & Giuliana Garzone (eds)
Discourse, Identities and Genres in Corporate Communication.
Sponsorship, Advertising and Organizational Communication.
324 pages. 2011. 978-3-0343-0591-4

Vol. 132 Leyre Ruiz de Zarobe & Yolanda Ruiz de Zarobe (eds)
Speech Acts and Politeness across Languages and Cultures.
402 pages. 2012. 978-3-0343-0611-9

Vol. 133 Thomas Christiansen
Cohesion. A Discourse Perspective.
387 pages. 2011. 978-3-0343-0619-5

Vol. 134 Giuliana Garzone & Maurizio Gotti
Discourse, Communication and the Enterprise. Genres and Trends.
451 pages. 2011. ISBN 978-3-0343-0620-1

Vol. 135 Zsuzsa Hoffmann
Ways of the World's Words.
Language Contact in the Age of Globalization.
334 pages 2011. ISBN 978-3-0343-0673-7

Vol. 136 Cecilia Varcasia (ed.)
Becoming Multilingual.
Language Learning and Language Policy between Attitudes and Identities.
213 pages. 2011. ISBN 978-3-0343-0687-5

Vol. 137 Susy Macqueen
The Emergence of Patterns in Second Language Writing.
A Sociocognitive Exploration of Lexical Trails.
325 pages. 2012. ISBN 978-3-0343-1010-9

Vol. 138 Maria Vittoria Calvi & Giovanna Mapelli (eds)
La lengua del turismo. Géneros discursivos y terminología.
365 pages. 2011. ISBN 978-3-0343-1011-6

Vol. 139 Ken Lau
Learning to Become a Professional in a Textually-Mediated World.
A Text-Oriented Study of Placement Practices.
261 pages. 2012. ISBN 978-3-0343-1016-1

Vol. 140 Sandra Campagna, Giuliana Garzone, Cornelia Ilie & Elizabeth Rowley-Jolivet (eds)
Evolving Genres in Web-mediated Communication.
337 pages. 2012. ISBN 978-3-0343-1013-0

Vol. 141 Edith Esch & Martin Solly (eds)
The Sociolinguistics of Language Education in International Contexts.
263 pages. 2012. ISBN 978-3-0343-1009-3

Vol. 142 Forthcoming.

Vol. 143 David Tizón-Couto
Left Dislocation in English. A Functional-Discoursal Approach.
416 pages. 2012. ISBN 978-3-0343-1037-6

Vol. 144 Margrethe Petersen & Jan Engberg (eds)
Current Trends in LSP Research. Aims and Methods.
323 pages. 2011. ISBN 978-3-0343-1054-3

Vol. 145 David Tizón-Couto, Beatriz Tizón-Couto, Iria Pastor-Gómez & Paula Rodríguez-Puente (eds)
New Trends and Methodologies in Applied English Language Research II.
Studies in Language Variation, Meaning and Learning.
283 pages. 2012. ISBN 978-3-0343-1061-1

Vol. 146 Rita Salvi & Hiromasa Tanaka (eds)
Intercultural Interactions in Business and Management.
306 pages. 2011. ISBN 978-3-0343-1039-0

Vol. 147 Francesco Straniero Sergio & Caterina Falbo (eds)
Breaking Ground in Corpus-based Interpreting Studies.
254 pages. 2012. ISBN 978-3-0343-1071-0

Vol. 148 Forthcoming.

Vol. 149 Vijay K. Bhatia & Paola Evangelisti Allori (eds)
Discourse and Identity in the Professions. Legal, Corporate and Institutional Citizenship.
352 pages. 2011. ISBN 978-3-0343-1079-6

Vol. 150 Maurizio Gotti (ed.)
Academic Identity Traits. A Corpus-Based Investigation.
363 pages. 2012. ISBN 978-3-0343-1141-0

Vol. 151 Priscilla Heynderickx, Sylvain Dieltjens, Geert Jacobs, Paul Gillaerts &
Elizabeth de Groot (eds)
The Language Factor in International Business.
New Perspectives on Research, Teaching and Practice.
320 pages. 2012. ISBN 978-3-0343-1090-1

Vol. 152 Paul Gillaerts, Elizabeth de Groot, Sylvain Dieltjens, Priscilla Heynderickx &
Geert Jacobs (eds)
Researching Discourse in Business Genres. Cases and Corpora.
215 pages. 2012. ISBN 978-3-0343-1092-5

Vol. 153 Yongyan Zheng
Dynamic Vocabulary Development in a Foreign Language.
262 pages. 2012. ISBN 978-3-0343-1106-9

Vol. 154 Carmen Argondizzo (ed.)
Creativity and Innovation in Language Education.
357 pages. 2012. ISBN 978-3-0343-1080-2

Vol. 155 David Hirsh (ed.)
Current Perspectives in Second Language Vocabulary Research.
180 pages. 2012. ISBN 978-3-0343-1108-3

Vol. 156 Seiji Shinkawa
Unhistorical Gender Assignment in Laȝamon's *Brut.* A Case Study of a Late Stage
in the Development of Grammatical Gender toward its Ultimate Loss.
186 pages. 2012. ISBN 978-3-0343-1124-3

Vol. 157 Yeonkwon Jung
Basics of Organizational Writing: A Critical Reading Approach.
151 pages. 2014. ISBN 978-3-0343-1137-3.

Vol. 158 Bárbara Eizaga Rebollar (ed.)
Studies in Linguistics and Cognition.
301 pages. 2012. ISBN 978-3-0343-1138-0

Vol. 159 Giuliana Garzone, Paola Catenaccio, Chiara Degano (eds)
Genre Change in the Contemporary World. Short-term Diachronic Perspectives.
329 pages. 2012. ISBN 978-3-0343-1214-1

Vol. 160 Carol Berkenkotter, Vijay K. Bhatia & Maurizio Gotti (eds)
Insights into Academic Genres.
468 pages. 2012. ISBN 978-3-0343-1211-0

Vol. 161 Beatriz Tizón-Couto
Clausal Complements in Native and Learner Spoken English. A corpus-based study with Lindsei and Vicolse. 357 pages. 2013. ISBN 978-3-0343-1184-7

Vol. 162 Patrizia Anesa
Jury Trials and the Popularization of Legal Language. A Discourse Analytical Approach.
247 pages. 2012. ISBN 978-3-0343-1231-8

Vol. 163 David Hirsh
Endangered Languages, Knowledge Systems and Belief Systems.
153 pages. 2013. ISBN 978-3-0343-1232-5

Vol. 164 Eugenia Sainz (ed.)
De la estructura de la frase al tejido del discurso. Estudios contrastivos español/italiano.
305 pages. 2014. ISBN 978-3-0343-1253-0

Vol. 165 Julia Bamford, Franca Poppi & Davide Mazzi (eds)
Space, Place and the Discursive Construction of Identity.
367 pages. 2014. ISBN 978-3-0343-1249-3

Vol. 166 Rita Salvi & Janet Bowker (eds)
Space, Time and the Construction of Identity.
Discursive Indexicality in Cultural, Institutional and Professional Fields.
324 pages. 2013. ISBN 978-3-0343-1254-7

Vol. 167 Shunji Yamazaki & Robert Sigley (eds)
Approaching Language Variation through Corpora. A Festschrift in Honour of Toshio Saito.
421 pages. 2013. ISBN 978-3-0343-1264-6

Vol. 168 Franca Poppi
Global Interactions in English as a Lingua Franca. How written communication is changing under the influence of electronic media and new contexts of use.
249 pages. 2012. ISBN 978-3-0343-1276-9

Vol. 169 Miguel A. Aijón Oliva & María José Serrano
Style in syntax. Investigating variation in Spanish pronoun subjects.
239 pages. 2013. ISBN 978-3-0343-1244-8

Vol. 170 Inés Olza, Óscar Loureda & Manuel Casado-Velarde (eds)
Language Use in the Public Sphere. Methodological Perspectives and Empirical Applications
564 pages. 2014. ISBN 978-3-0343-1286-8

Vol. 171 Aleksandra Matulewska
Legilinguistic Translatology. A Parametric Approach to Legal Translation.
279 pages. 2013. ISBN 978-3-0343-1287-5

Vol. 172 Maurizio Gotti & Carmen Sancho Guinda (eds)
Narratives in Academic and Professional Genres.
513 pages. 2013. ISBN 978-3-0343-1371-1

Vol. 173 Madalina Chitez
Learner corpus profiles. The case of Romanian Learner English.
244 pages. 2014. ISBN 978-3-0343-1410-7

Vol. 174 Chihiro Inoue
Task Equivalence in Speaking Tests.
251 pages. 2013. ISBN 978-3-0343-1417-6

Vol. 175 Gabriel Quiroz & Pedro Patiño (eds.)
LSP in Colombia: advances and challenges.
339 pages. 2014. ISBN 978-3-0343-1434-3

Vol. 176 Catherine Resche
Economic Terms and Beyond: Capitalising on the Wealth of Notions.
How Researchers in Specialised Varieties of English Can Benefit from Focusing on Terms.
332 pages. 2013. ISBN 978-3-0343-1435-0

Vol. 177 Forthcoming.

Vol. 178 Cécile Desoutter & Caroline Mellet (dir.)
Le discours rapporté: approches linguistiques et perspectives didactiques.
270 pages. 2013. ISBN 978-3-0343-1292-9

Vol. 179 Ana Díaz-Negrillo & Francisco Javier Díaz-Pérez (eds)
Specialisation and Variation in Language Corpora.
341 pages. 2014. ISBN 978-3-0343-1316-2

Vol. 180 Pilar Alonso
A Multi-dimensional Approach to Discourse Coherence. From Standardness to Creativity.
247 pages. 2014. ISBN 978-3-0343-1325-4

Vol. 181 Alejandro Alcaraz-Sintes & Salvador Valera-Hernández (eds)
Diachrony and Synchrony in English Corpus Linguistics.
393 pages. 2014. ISBN 978-3-0343-1326-1

Vol. 182 Runhan Zhang
Investigating Linguistic Knowledge of a Second Language.
207 pages. 2015. ISBN 978-3-0343-1330-8

Vol. 183 Hajar Abdul Rahim & Shakila Abdul Manan (eds.)
English in Malaysia. Postcolonial and Beyond.
267 pages. 2014. ISBN 978-3-0343-1341-4

Vol. 184 Virginie Fasel Lauzon
Comprendre et apprendre dans l'interaction. Les séquences d'explication en classe de français langue seconde.
292 pages. 2014. ISBN 978-3-0343-1451-0

Vol. 185 Forthcoming.

Vol. 186 Wei Ren
L2 Pragmatic Development in Study Abroad Contexts
256 pages. 2015. ISBN 978-3-0343-1358-2

Vol. 187 Marina Bondi & Rosa Lorés Sanz (eds)
Abstracts in Academic Discourse. Variation and Change.
361 pages. 2014. ISBN 978-3-0343-1483-1

Vol. 188 Giuditta Caliendo
Rethinking Community. Discourse, Identity and Citizenship in the European Union.
240 pages. 2017. ISBN 978-3-0343-1561-6

Vol. 189 Paola Evangelisti Allori (ed.)
Identities in and across Cultures.
315 pages. 2014. ISBN 978-3-0343-1458-9

Vol. 190 Erik Castello, Katherine Ackerley & Francesca Coccetta (eds).
Studies in Learner Corpus Linguistics. Research and Applications for Foreign Language Teaching and Assessment.
358 pages. 2015. ISBN 978-3-0343-1506-7

Vol. 191 Ruth Breeze, Maurizio Gotti & Carmen Sancho Guinda (eds)
Interpersonality in Legal Genres.
389 pages. 2014. ISBN 978-3-0343-1524-1

Vol. 192 Paola Evangelisti Allori, John Bateman & Vijay K. Bhatia (eds)
Evolution in Genre. Emergence, Variation, Multimodality.
364 pages. 2014. ISBN 978-3-0343-1533-3

Vol. 193 Jiyeon Kook
Agency in Arzt-Patient-Gesprächen. Zur interaktionistischen Konzeptualisierung von Agency
271 pages. 2015. ISBN 978-3-0343-1666-8

Vol. 194 Susana Nicolás Román & Juan José Torres Núñez (eds)
Drama and CLIL. A new challenge for the teaching approaches in bilingual education.
170 pages. 2015. ISBN 978-3-0343-1629-3

Vol. 195 Alessandra Molino & Serenella Zanotti (eds)
Observing Norm, Observing Usage. Lexis in Dictionaries and in the Media.
430 pages. 2015. ISBN 978-3-0343-1584-5

Vol. 196 Begoña Soneira
A Lexical Description of English for Architecture. A Corpus-based Approach.
267 pages. 2015. ISBN 978-3-0343-1602-6

Vol. 197 M Luisa Roca-Varela
False Friends in Learner Corpora. A corpus-based study of English false friends in the written and spoken production of Spanish learners.
348 pages. 2015. ISBN 978-3-0343-1620-0

Vol. 198 Rahma Al-Mahrooqi & Christopher Denman
Bridging the Gap between Education and Employment. English Language Instruction in EFL Contexts.
416 pages. 2015. ISBN 978-3-0343-1681-1

Vol. 199 Rita Salvi & Janet Bowker (eds)
The Dissemination of Contemporary Knowledge in English. Genres, discourse strategies and professional practices.
171 pages. 2015. ISBN 978-3-0343-1679-8

Vol. 200 Maurizio Gotti & Davide S. Giannoni (eds)
Corpus Analysis for Descriptive and Pedagogical Purposes. ESP Perspectives.
432 pages. 2014. ISBN 978-3-0343-1516-6

Vol. 201 Ida Ruffolo
The Perception of Nature in Travel Promotion Texts. A Corpus-based Discourse Analysis.
148 pages. 2015. ISBN 978-3-0343-1521-0

Vol. 202 Ives Trevian
English suffixes. Stress-assignment properties, productivity, selection and combinatorial processes.
471 pages. 2015. ISBN 978-3-0343-1576-0

Vol. 203 Maurizio Gotti, Stefania Maci & Michele Sala (eds)
Insights into Medical Communication.
422 pages. 2015. ISBN 978-3-0343-1694-1

Vol. 204 Carmen Argondizzo (ed.)
European Projects in University Language Centres. Creativity, Dynamics, Best Practice.
371 pages. 2015. ISBN 978-3-0343-1696-5

Vol. 205 Aura Luz Duffé Montalván (ed.)
Estudios sobre el léxico. Puntos y contrapuntos.
502 pages. 2016. ISBN 978-3-0343-2011-5

Vol. 206 Maria Pavesi, Maicol Formentelli & Elisa Ghia (eds)
The Languages of Dubbing. Mainstream Audiovisual Translation in Italy.
275 pages. 2014. ISBN 978-3-0343-1646-0

Vol. 207 Ruth Breeze & Inés Olza (eds)
Evaluation in media discourse. European perspectives.
268 pages. 2017. ISBN 978-3-0343-2014-6

Vol. 208 Vijay K. Bhatia & Maurizio Gotti (eds)
Arbitration Discourse in Asia.
331 pages. 2015. ISBN 978-3-0343-2032-0

Vol. 209 Sofía Bemposta-Rivas, Carla Bouzada-Jabois, Yolanda Fernández-Pena, Tamara Bouso, Yolanda J. Calvo-Benzies, Iván Tamaredo (eds)
New trends and methodologies in applied English language research III. Synchronic and diachronic studies on discourse, lexis and grammar processing.
280 pages. 2017. ISBN 978-3-0343-2039-9

Vol. 210 Francisco Alonso Almeida, Laura Cruz García & Víctor González Ruiz (eds)
Corpus-based studies on language varieties.
285 pages. 2016. ISBN 978-3-0343-2044-3

Vol. 211 Juan Pedro Rica Peromingo
Aspectos lingüísticos y técnicos de la traducción audiovisual (TAV).
177 pages. 2016. ISBN 978-3-0343-2055-9

Vol. 212 Maria Vender
Disentangling Dyslexia. VenderPhonological and Processing Deficit in Developmental Dyslexia.
338 pages. 2017. ISBN 978-3-0343-2064-1

Vol. 213 Zhilong Xie
Bilingual Advantages. Contributions of Different Bilingual Experiences to Cognitive Control Differences Among Young-adult Bilinguals.
221 pages. 2016. ISBN 978-3-0343-2081-8

Vol. 214 Larissa D'Angelo
Academic posters. A textual and visual metadiscourse analysis.
367 pages. 2016. ISBN 978-3-0343-2083-2

Vol. 215 Evelyne Berger
Prendre la parole en L2. Regard sur la compétence d'interaction en classe de langue.
246 pages. 2016. ISBN 978-3-0343-2084-9

Vol. 216 David Lasagabaster and Aintzane Doiz (eds)
CLIL experiences in secondary and tertiary education: In search of good practices.
262 pages. 2016. ISBN 978-3-0343-2104-4

Vol. 217 Elena Kkese
Identifying Plosives in L2 English: The Case of L1 Cypriot Greek Speakers.
317 pages. 2016. ISBN 978-3-0343-2060-3

Vol. 218 Sandra Campagna, Elana Ochse, Virginia Pulcini & Martin Solly (eds)
Languaging in and across Communities: New Voices, New Identities. Studies in Honour of Giuseppina Cortese.
507 pages. 2016. ISBN 978-3-0343-2073-3

Vol. 219 Adriana Orlandi & Laura Giacomini (ed.)
Defining collocation for lexicographic purposes. From linguistic theory to lexicographic practice.
328 pages. 2016. ISBN 978-3-0343-2054-2

Vol. 220 Pietro Luigi Iaia
Analysing English as a Lingua Franca in Video Games. Linguistic Features, Experiential and Functional Dimensions of Online and Scripted Interactions.
139 pages. 2016. ISBN 978-3-0343-2138-9

Vol. 221 Dimitrinka G. Níkleva (ed.)
La formación de los docentes de español para inmigrantes en distintos contextos educativos.
390 pages. 2017. ISBN 978-3-0343-2135-8

Vol. 222 Katherine Ackerley, Marta Guarda & Francesca Helm (eds)
Sharing Perspectives on English-Medium Instruction.
308 pages. 2017. ISBN 978-3-0343-2537-0

Vol. 223 Juana I. Marín-Arrese, Julia Lavid-López, Marta Carretero, Elena Domínguez Romero, Mª Victoria Martín de la Rosa & María Pérez Blanco (eds)
Evidentiality and Modality in European Languages. Discourse-pragmatic perspectives.
427 pages. 2017. ISBN 978-3-0343-2437-3

Vol. 224 Gilles Col
Construction du sens : un modèle instructionnel pour la sémantique.
292 pages. 2017. ISBN 978-3-0343-2572-1

Vol. 225 Ana Chiquito & Gabriel Quiroz (eds)
Pobreza, Lenguaje y Medios en América Latina.
362 pages. 2017. ISBN 978-3-0343-2142-6

Vol. 226 Xu Zhang
English Quasi-Numeral Classifiers. A Corpus-Based Cognitive-Typological Study.
360 pages. 2017. ISBN 978-3-0343-2818-0

Vol. 227 María Ángeles Orts, Ruth Breeze & Maurizio Gotti (eds)
Power, Persuasion and Manipulation in Specialised Genres. Providing Keys to the Rhetoric of Professional Communities.
368 pages. 2017. ISBN 978-3-0343-3010-7

Vol. 228 Maurizio Gotti, Stefania Maci & Michele Sala (eds)
Ways of Seeing, Ways of Being: Representing the Voices of Tourism.
453 pages. 2017. ISBN 978-3-0343-3031-2

Vol. 229 Dino Selvaggi
Plurilingual Code-Switching between Standard and Local Varieties.
A Socio-Psycholinguistic Approach
371 pages. 2018. ISBN 978-3-0343-2663-6

Vol. 230 Anca-Cristina Sterie
Interprofessional interactions at the hospital. Nurses' requests and reports of problems in calls with physicians.
371 pages. 2017. ISBN 978-3-0343-2734-3

Vol. 231 Xiaodong Zhang
Understanding Chinese EFL Teachers' Beliefs and Practices in the Textbook-Based Classroom.
189 pages. 2017. ISBN 978-3-0343-3053-4

Vol. 232 Manuela Caterina Moroni & Federica Ricci Garotti (Hrsg.)
Brücken schlagen zwischen Sprachwissenschaft und DaF-Didaktik.
345 pages. 2017. ISBN 978-3-0343-2667-4

Vol. 233 Dimitrinka Georgieva Níkleva
Necesidades y tendencias en la formación del profesorado de español como lengua extranjera
401 pages. 2017. ISBN 978-3-0343-2946-0

Vol. 234 Juan Santana-Lario & Salvador Valera (Hrsg.)
Competing patterns in English affixation.
272 pages. 2017. ISBN 978-3-0343-2701-5

Vol. 235 Francisco Salgado-Robles
Desarrollo de la competencia sociolingüística por aprendices de español en un contexto de inmersión en el extranjero
241 pages. 2018. ISBN 978-3-0343-2323-9

Vol. 236 Maria Chiara Janner
Sguardi linguistici sulla marca. Analisi morfosintattica dei nomi commerciali in italiano
345 pages. 2017. ISBN 978-3-0343-2667-4

Vol. 237 Bárbara Herrero Muñoz-Cobo & Otman El Azami Zalachi
La primavera del árabe marroquí.
192 pages. 2017. ISBN 978-3-0343-3104-3

Vol. 238 Consuelo Pascual Escagedo
El papel del oyente en la construcción de la conversación espontánea de estudiantes italianos en su interlengua y en su lengua materna
295 pages. 2017. ISBN 978-3-0343-3186-9

Vol. 239 Stefania M. Maci
The MS Digby 133 *Mary Magdalene*. Beyond scribal practices: language, discourse, values and attitudes.
336 pages. 2017. ISBN 978-3-0343-3256-9

Vol. 240 Eliecer Crespo-Fernández
Taboo in Discourse. Studies on Attenuation and Offence in Communication.
326 pages. 2018. ISBN 978-3-0343-3018-3

Vol. 241 Jana Altmanova, Maria Centrella, Katherine E. Russo (eds)
Terminology & Discourse / Terminologie et discours.
424 pages. 2018. ISBN 978-3-0343-2417-5

Vol. 242 Xavier Blanco et Inès Sfar (dir.)
Lexicologie(s) : approches croisées en sémantique lexicale.
442 pages. 2018. ISBN 978-3-0343-3056-5

Vol. 243 Yunfeng Ge
Resolution of Conflict of Interest in Chinese Civil Court Hearings.
A Perspective of Discourse Information Theory.
302 pages. 2018. ISBN 978-3-0343-3313-9

Vol. 244 Carla Vergaro
Illocutionary Shell Nouns in English
322 pages. 2018. ISBN 978-3-0343-3069-5

Vol. 245 Paolo Frassi
L'adjectif en français et sa définition lexicographique.
270 pages. 2018. ISBN 978-3-0343-3394-8

Vol. 246 Suwilai Premsrirat and David Hirsh (eds)
Language Revitalization. Insights from Thailand
328 pages. 2018. ISBN 978-3-0343-3497-6

Vol. 247 Wei Wang
Researching Learning and Learners in Genre-based Academic Writing Instruction
282 pages. 2018. ISBN 978-3-0343-3297-2

Vol. 248 Isusi Alabarte, Alberto & Lahuerta Martínez, Ana Cristina (eds)
La comprensión lectora de lengua extranjera
Estudio de los factores de familiaridad, interés, género y métodos de evaluación
336 pages. 2018. ISBN 978-3-0343-3493-8

Vol. 249 Mercedes Eurrutia Cavero
Approche didactique du langage techno-scientifique
Terminologie et discours
374 pages. 2018. ISBN 978-3-0343-3512-6

Vol. 250 Aurora Ruiz Mezcua (ed.)
Approaches to Telephone Interpretation
Research, Innovation, Teaching and Transference
268 pages. 2018. ISBN 978-3-0343-3330-6

Vol. 251 Morini Massimiliano
A Day in the News
A Stylistic Analysis of Newsspeak
188 pages. 2018. ISBN 978-3-0343-3507-2

Vol. 252 Ignacio Guillén-Galve & Ignacio Vázquez-Orta (eds.)
English as a Lingua Franca and Intercultural Communication
Implications and Applications in the Field of English Language Teaching
414 pages. 2018. ISBN 978-3-0343-2763-3

Vol. 253 Bianca Del Villano
Using the Devil with Courtesy
Shakespeare and the Language of (Im)Politeness
216 pages. 2018. ISBN 978-3-0343-2315-4

Vol. 254 David Hirsh (ed.)
Explorations in Second Language Vocabulary Research
252 pages. 2018. ISBN 978-3-0343-2940-8

Vol. 255 Tania Baumann (ed.)
Reiseführer - Sprach- und Kulturmittlung im Tourismus / Le guide turistiche - mediazione linguistica e culturale in ambito turistico
270 pages. 2018. ISBN 978-3-0343-3402-0

Vol. 256 Ariadna Sánchez-Hernández & Ana Herraiz-Martínez (eds)
Learning second language pragmatics beyond traditional contexts
376 pages. 2018. ISBN 978-3-0343-3437-2

Vol. 257 Albert Bastardas-Boada, Emili Boix-Fuster, Rosa Maria Torrens (eds)
Family Multilingualism in Medium-Sized Linguistic Communities
336 pages. 2019. ISBN 978-3-0343-2536-3

Vol. 258 Forthcoming

Vol. 259 Catia Nannoni
Participe présent et gérondif dans la presse française contemporaine
176 pages. 2019. ISBN 978-3-0343-3631-4

www.ingramcontent.com/pod-product-compliance
Lightning Source LLC
Chambersburg PA
CBHW060624310726
48982CB00003B/663

9783034336314